UN PROGRAMMA DI COORDINAZIONE DELL'ACQUA IN AFRICA

Quando la comunità sceglie l'acqua potabile, portare avanti un programma di coordinazione

SOMMARIO

- INTRODUZIONE 5
  - Perché in Africa non c'è acqua? Ecco come stanno veramente le cose ... 5
  - Il problema 5
  - Come stanno le cose 5
  - Come possiamo fare 6
  - Quali sono i Paesi in dove l'acqua potabile non è un diritto per tutti . 6
  - L'Angola… 6
  - …non è il solo Paese 6
  - Le conseguenze 7
  - Un paradosso 7
  - La soluzione 7
- PRESENTAZIONE 8
  - Il sottosuolo africano è ricchissimo d'acqua. Il problema è l'estrazione 9
  - Il clima 12
  - Siccità 16
  - Come si può risolvere il problema dell'acqua in africa? 18
- CRISI IDRICA E IL SUO IMPATTO SULL'AMBIENTE IN AFRICA 20
- UN SISTEMA DI APPROVVIGIONAMENTO D'ACQUA PER LE COMUNITÀ AFRICANE 27
  - Non dare le tematiche sull'acqua per scontate 27
  - Quali sono le tematiche da considerare quando si sceglie l'acqua come priorità? 28
- ACQUA, SALUTE E CRESCITA DELLE COMUNITÀ AFRICANE 31
  - Se la comunità vuole un'istallazione per l'approvvigionamento d'acqua 31
- L'ACQUA COME UN INVESTIMENTO DELLE COMUNITÀ AFRICANE ... 40

Acqua pura e riduzione della povertà, anche se si suppone il contrario, l'acqua non è gratuita 40

L'ACQUA IN AFRICA E I POLITICI ALLEATI PRUDENTI O PERICOLOSI AVVERSARI 45

I coordinatori devono comprendere i politici 45

L'ACQUA IN AFRICA E LA COSCIENZA PUBBLICA 47

L'acqua, da sola, non ridurrà le malattie e la povertà; bisogna anche che la comunità organizzi e sviluppi una campagna di consapevolezza efficace 47

LE FONTI DI ACQUA POTABILE IN AFRICA, ALTERNATIVE PER LA PRESA DI DECISIONI NELL'AMBITO DELLA COMUNITÀ 50

Una comunità dovrebbe avere varie fonti d'acqua potabile e gestirne la fornitura scegliendo fra queste 50

TECNOLOGIE RELATIVE ALL'ACQUA A DISPOSIZIONE IN AFRICA 55

Fornire l'acqua alla popolazione, è meglio se una comunità che gestisce la propria fornitura d'acqua si avvalga di una combinazione di tecnologie 55

STUDIO SULLA POMPA, ASSISTERE LE COMUNITÀ AFRICANE A DIVENTARE AUTONOME 65

Perché progettare una pompa fatta solo di componenti localmente reperibili? 65

MANUTENZIONE E RIPARAZIONI, GESTIONE DELL'ACQUA NELLE COMUNITÀ AFRICANE 76

La comunità deve designare un responsabile per la manutenzione ed uno per le riparazioni, e definire come si devono gestire 76

IL RECUPERO DEI COSTI, OTTENERE RISORSE PER GESTIRE LA FORNITURA D'ACQUA IN AFRICA 81

Nella gestione dell'impianto d'approvvigionamento idrico, la comunità deve mettere in relazione costi e benefici 81

CONCLUSIONE 86

INTRODUZIONE

Perché in Africa non c'è acqua? Ecco come stanno veramente le cose

Siamo abituati a pensare all'Africa come un continente in buona parte arido, o in generale con pochissime fonti d'acqua sicure dove potersi abbeverare. E vedendo le immagini e le notizie che ci arrivano, viene da chiedersi: **perché in Africa non c'è acqua**? In realtà le cose stanno molto diversamente da quanto si crede.

Il problema

Garantire l'accesso all'acqua potabile alla metà della popolazione mondiale è uno degli Obiettivi del Millennio raggiunti. Ma questo non significa che il problema sia risolto. Specialmente in Africa.

- Il 36% della popolazione dell'Africa subsahariana, quindi circa un terzo di tutte le persone, non ha ancora accesso a una fonte d'acqua potabile.
- Non avere accesso a una fonte d'acqua potabile significa aumentare, e considerevolmente, il rischio di contrarre malattie spesso mortali come la malaria e l'Ebola.
- Per procurarsi acqua potabile, spesso bisogna affrontare un cammino anche di 4-5 ore al giorno. Nella maggior parte dei casi, questo compito ricade su donne e bambine.

Come stanno le cose

L'Africa è un continente così arido? In realtà negli anni ci sono stati diversi studi, firmati da istituti ed enti internazionali molto autorevoli, che sono arrivati alla stessa conclusione: in Africa di acqua ce n'è davvero tanta ma si trova nel sottosuolo del continente. In base ai vari studi, ce ne sarebbe abbastanza da risolvere il problema dell'acqua per tutte le popolazioni dell'Africa. Il vero problema è arrivarci, a quell'acqua. Perché non sempre i singoli Stati hanno a disposizione le risorse e le competenze necessarie per costruire pozzi.

E soprattutto, questo tesoro liquido va gestito in maniera oculata, evitando di depauperare una risorsa preziosa e inestimabile. Infatti i bacini sotterranei africani non vengono ricaricati quotidianamente attraverso le piogge.

Come possiamo fare

Perché se in Africa non c'è abbastanza acqua a disposizione di tutti, possiamo fare qualcosa per aiutare questo continente. Possiamo costruire pozzi in Africa, che permetteranno alle popolazioni più povere di averne sempre a disposizione.

Quali sono i Paesi in dove l'acqua potabile non è un diritto per tutti

Si tratta di un diritto che dovrebbe essere riconosciuto a tutti. Perché l'acqua è davvero fonte di vita. Ma in **Africa** non è sempre così. Un continente dove non tutta la popolazione ha accesso a una **fonte d'acqua potabile sicura**.

L'Angola…

L'Angola è il Paese dove il problema dell'acqua potabile si fa sentire di più. Per rendere l'idea di quale sia la situazione, basta riportare un semplice dato: qui, più della metà della popolazione (il 51 per cento per l'esattezza) non ha accesso a una fonte d'acqua sicura.

…non è il solo Paese

- Ciad: 49,2 per cento
- Mozambico: 48,9 per cento
- Madagascar: 48,5 per cento
- Repubblica Democratica del Congo: 47,6 per cento
- Repubblica Unita di Tanzania: 44,4 per cento
- Etiopia: 42,7 per cento
- Eritrea: 42,2 per cento
- Mauritania: 42,1 per cento
- Niger: 41,8 per cento
- Sudan del Sud: 41,3 per cento
- Sierra Leone: 38,4 per cento

- Togo: 36,9 per cento
- Kenya: 36,8 per cento
- Zambia: 34,6 per cento
- Nigeria: 31,5 per cento
- Repubblica Centrafricana: 31,5 per cento
- Camerun: 24,4 per cento
- Liberia: 24,4 per cento

I numeri in corrispondenza di ogni Paese si riferiscono alla percentuale di popolazione che non ha accesso a una fonte d'acqua potabile sicura.

Le conseguenze

Diverse e gravi sono le conseguenze della mancanza di acqua potabile. Dove l'acqua potabile manca, le malattie della povertà trovano terreno fertile per proliferare: tubercolosi, malaria, AIDS, malattie dell'infanzia, malattie diarroiche.

C'è anche un'altra conseguenza. Per raggiungere le fonti d'acqua più vicine, bisogna camminare per ore e ore ogni giorno. Spesso, questo compito ricade su bambine e ragazze. Con tutti i pericoli ai quali possono andare incontro durante il tragitto.

Un paradosso

Ti sarà capitato, almeno una volta, di chiederti: perché in Africa non c'è acqua? La risposta è una sorta di grande paradosso. In realtà, il sottosuolo del continente è ricco di acqua ma si trova troppo in profondità. Non tutti gli Stati africani hanno le conoscenze e la possibilità di poterla estrarre.

La soluzione

Costruire pozzi d'acqua in Africa. Così tutti i villaggi, anche i più poveri e isolati, avranno sempre acqua potabile a disposizione. E non è "solo" una questione di salute: molto spesso, le ragazze smettono del tutto di andare a scuola perché la mattina devono recarsi ai pozzi a prendere l'acqua per le loro famiglie.

PRESENTAZIONE

Un progetto è un investimento nella :
- costruzione di un nuovo impianto,
- recupero un impianto non funzionante,
- riparazione e manutenzione dell'impianto,
- creazione di una nuova organizzazione per intraprendere azioni specifiche,
- aumento della consapevolezza riguardo uno specifico argomento all'interno della comunità,
- miglioramento delle abitudini e del comportamento dei membri della comunità (ad esempio l'igiene),
- creazione e promulgazione di nuove leggi, regolamenti e linee guida (ad esempio per locatori e locatori) o
- modifica di quelle esistenti.

Il progetto deve essere studiato. Cos'è il piano del progetto?
Il piano del progetto è la formalizzazione, preferibilmente per iscritto, dell'intero progetto indicando come e perché verrà eseguito. Il piano del progetto dovrebbe riflettere buone pratiche di pianificazione e gestione. Quello che dovrebbe contenere include l'essenza della quattro basi o questioni chiave sulla gestione e le loro risposte, o l'insieme delle decisioni espresse durante la sessione di Brainstorm. Costruito sulla base di quell'insieme di scelte, il piano include anche ogni dettaglio necessario sulla tempistica, il budget, l'organizzazione per fasi e le altre scelte su come e perchè deve essere per essere completo.

Un buon piano del progetto includerà anche piani per il monitoraggio delle attività e per fare un resoconto dei risultati. Includerà anche alcuni risultati attesi e i mezzi per fissare e valutare questi risultati. Anche se un buon piano del progetto, come un piano d'azione, non equivale a un piano e a un budget, un buon piano del progetto includerà un piano e un budget, e la sua parte centrale (o Testo) sarà la ragione di entrambi.

Questo documento include delle note per i formatori per il laboratorio, e note dei partecipanti sulla preparazione di un piano del progetto dell'acqua nelle comunità africane.

La cosa fondamentale è che il piano non sia preparato da nessuno al di fuori della comunità o da una parte della comunità, ma dalla comunità intera.

Il ruolo del mobilizzatore è quello di incoraggiare e guidare la comunità nella preparazione del piano del progetto in modo che sia prevista la partecipazione di tutti, con supposizioni e osservazioni realistiche e in una forma pratica e semplice che sarà compresa da tutti i membri della comunità.

Il sottosuolo africano è ricchissimo d'acqua. Il problema è l'estrazione

Sotto alla superficie del continente più assetato ci sarebbero riserve idriche in grandi quantità. Eppure, 300 milioni di africani non hanno accesso all'acqua potabile.

Il continente più assetato della Terra giace su una distesa di abbondanti riserve idriche: quello che a prima vista sembrerebbe un crudele controsenso è il risultato di un importante studio scientifico pubblicato su Environmental Research Letters. In base a una ricerca del British Geological Survey e dell'University College London, la prima ad analizzare il quantitativo complessivo di acqua presente nel sottosuolo africano, sotto alla superficie del continente ci sarebbero riserve idriche 100 volte superiori al volume di acqua presente esternamente.

La portata della scoperta per il territorio in analisi è sotto gli occhi di tutti. Attualmente si stima che oltre 300 milioni di africani non abbiano accesso all'acqua potabile, mentre solo il 5% delle terre coltivabili è irrigato correttamente. Fiumi e laghi sono soggetti a piene e siccità stagionali che rendono difficile utilizzarne l'acqua con continuità. E nei decenni avvenire la situazione sembra destinata a peggiorare, a causa della crescita della popolazione e della necessità crescente di annaffiare distese agricole sempre più vaste.

Eppure. Sotto a questa distesa di terra brulla si troverebbe un tesoro di oltre mezzo milione di chilometri quadrati di acqua potabile, con un range di variabilità compreso tra gli 0,36 e 1,76 milioni di chilometri quadrati. In altre parole, 20 volte la quantità di acqua dolce presente nei laghi africani. Le riserve più vaste giacciono in grandi bacini sedimentari del Nord Africa, in Libia, Egitto, Algeria, Niger, Chad e Sudan occidentale: qui, secondo gli esperti, ci sarebbe un bacino idrico di 75 metri di spessore, una riserva che non viene ricaricata quotidianamente attraverso le piogge, ma che è stata riempita per l'ultima volta 5 mila anni fa, quando il clima africano era più umido. I dati sono stati raccolti da mappe idrogeologiche fornite dai governi nazionali e da altri 283 studi sui bacini acquiferi africani.

Il vero problema è arrivarci, a quell'acqua. Non si può, come verrebbe subito da pensare, trivellare all'impazzata e prosciugare in breve tempo bacini che si sono riempiti nel corso di migliaia di anni (e che, data la scarsità delle precipitazioni, non si potrebbero facilmente ripristinare). Prima di trovare metodi adatti a rifornire d'acqua anche le realtà che ne richiedono di più, come le città a rapida espansione, è importante promuovere studi che accertino la natura del suolo, le caratteristiche strutturali e i ritmi di rinnovo delle falde.

L'acqua, è stato osservato, rimane nel terreno abbastanza a lungo da studiare metodi estrattivi su piccola scala, con pozzi adeguatamente collocati che consentano di riportare l'acqua in superficie e di studiare pause interannuali per non prosciugare definitivamente i bacini. Si può fare: anche nelle falde meno ricche, collocate in zone semiaride e con pochissima pioggia, l'acqua rimane nel terreno da 20 a 70 anni, dicono gli esperti. Basta studiare una gestione intelligente, per non depauperare una fonte di ricchezza così importante.

Il problema dell'acqua in Africa
Un'occhiata in generale
Cos'è l'acqua?

L'acqua è uno dei composti chimici più semplici due atomi di idrogeno e uno di ossigeno ed è fondamentale alla vita. Basti pensare che il nostro corpo per il 70% è costituito da acqua, oppure che quasi tutto ciò che ci circonda ne ha una percentuale.

Ecco una molecola di questo vitale composto:

La distribuzione dell'acqua dolce sul nostro pianeta non è omogenea, di conseguenza ci sono paesi ricchissimi di questo bene, ad esempio il Canada, ed altri , come le nazioni africane, dove l'acqua scarseggia.

<u>Dove si trova</u>: L'acqua copre il 71% del globo ma di questa il 97% è salata, quindi l'acqua dolce occupa solo il 3% del totale. Di questa l'1.8% è racchiusa nelle calotte polari, quindi quella disponibile all'uomo è solo lo 0.7%, ma noi abbiamo facile accesso solo allo 0.08% del totale.

<u>Quanta ne abbiamo e come la utilizziamo</u>: Gli esseri umani, come già ricordato, hanno complessivamente a loro disposizione lo 0,08 per cento di tutta l'acqua della terra, ma nel prossimo ventennio il consumo di acqua non salata è destinato a crescere almeno del 40 per cento. Il 70 per cento dell'acqua di cui disponiamo viene utilizzato in agricoltura, ma il Consiglio mondiale delle acque sostiene che da qui al 2020 per sfamare il mondo sarà necessario avere almeno il 17 per cento in più dell'acqua attualmente disponibile, diversamente sarà il disastro.

<u>Chi ce l'ha chi invece no</u>: Al momento, 198 milioni di persone sono prive di accesso a fonti di acqua pulita; secondo i dati del rapporto 2002 delle Nazioni Unite sullo sviluppo mondiale, il 33% della popolazione mondiale non ha accesso all'acqua potabile. L'Onu si propone di dimezzare entro il 2015 la percentuale della popolazione mondiale che non ha accesso all'acqua. I dati disponibili suggeriscono invece che tale quota è in aumento: se nel 1995 ben

436 milioni di persone in 29 paesi hanno avuto problemi di approvvigionamento idrico, entro il 2025 stima la Banca Mondiale questo problema riguarderà 48 paesi, per un totale di 1,4 miliardi di persone.

<u>Dove manca di più</u>: Nel 2035, sempre secondo la Banca Mondiale, 3 miliardi di persone vivranno in Paesi con problemi idrici. In base ai dati del programma delle Nazioni Unite per l'Ambiente, l'area più colpita sarà l'Asia occidentale, che include la Penisola araba, con oltre il 90% della popolazione senz'acqua. Notevoli le differenze nell'accesso alle risorse idriche tra città e campagne nei Paesi in via di sviluppo. L'Unicef calcola che nell'Africa subsahariana solo il 39% della popolazione rurale dispone di acqua potabile contro il 77% della popolazione urbana.

<u>Il valore dell'acqua per un africano</u>

Ogni giorno donne e bambini trasportano acqua da pozzi lontani alle case dove vivono migliaia di persone utilizzando delle taniche gialle che portano sulla testa.. E se l'acqua cade per un movimento brusco, o a causa di una radice sporgente dal terreno, il portatore dovrà tornare indietro e ricominciare tutto daccapo.

Sono comunque 288 milioni le persone il 42% della popolazione totale che nel Continente nero attingono l'acqua che usano ogni giorno da fonti contaminate o non protette.

<u>Cuse della mancaanza d'acqua in Africa :</u>

Il clima

La caratteristica fondamentale del Sahara è la **siccità**: le precipitazioni sono ben al di sotto dei 100 mm annui. Elevatissima è l'**evaporazione**, fortissimo il riscaldamento diurno e elevata è la diminuzione notturna della temperatura. Ciò provoca ampie oscillazioni termiche (fino a 25-30 °C).

Le **temperature** diurne raggiungono punte molto alte, mentre le piogge, soprattutto in alcune regioni, mancano del tutto.

<u>La desertificazione</u>

<u>Definizione:</u> La **desertificazione** è il processo di degradazione del suolo causato da numerosi fattori, tra cui variazioni climatiche e attività umane.

La desertificazione spesso ha origine dallo sfruttamento intensivo della popolazione che si stabilisce nel territorio per coltivarlo oppure dalle necessità industriali e di utilizzo per il pascolo.

Seimila anni fa, **l'Africa settentrionale era un luogo di alberi, praterie, laghi e tante persone.** Oggi è il **Sahara:** una zona desolata più ampia di tutta l'Australia.

<u>Prima causa: il polline-teoria di Kropelin</u>

Secondo **Stefan Kropelin**, geologo tedesco, si è avuto nel corso dei secoli un **clima di transizione** dovuto all'evoluzione di alcuni tipi di polline sceso nell'acqua e affondato fino al suolo, prosciugando man mano le riserve d'acqua, e non permettendo il deflusso dell'acqua verso le radici degli alberi circostanti, facendoli morire a poco a poco, e desertificando tutta la zona. Oggi non si trova neanche una piccola zona erbosa nel Sahara, ma anche se può sembrar strano, una volta c'era un alto grado di biodiversità vegetale.

Il lago **Yoa**, nel nord-est del Ciad, è rimasto un lago per millenni. Oggi invece è una piccola oasi circondata dal deserto torrido.

<u>Seconda causa: I monsoni</u>

La desertificazione del Sahara fu un processo graduale, avvenuto tra 5600 e 2700 anni fa, in risposta al graduale indebolimento dell'intensità dei monsoni. Con la diminuzione delle piogge sparirono gli alberi e le piante delle praterie che vennero rimpiazzati dalla vegetazione tipica del Sahel. Alla fine sparì anche il manto erboso e fecero il loro ingresso le piante specializzate per sopravvivere nel deserto.

Questo processo procede inarrestabilmente da alcuni millenni; in certi casi si attenua, in altri si accelera. Spesso le case e le colture delle oasi vengono sommerse dalle dune, dando origine all'emigrazione delle popolazioni locali.

<u>Terza causa: il metodo taglia-brucia</u>

La tecnica di deforestazione "taglia e brucia", generalmente applicata per ricavare terreni agricoli da zone boschive, arreca gravi danni all'equilibrio dell'ambiente. Da una parte, l'anidride carbonica rilasciata nell'atmosfera aggrava l'effetto serra, dall'altra, la rimozione degli alberi e della vegetazione del sottobosco distrugge gli habitat naturali e accelera l'erosione del suolo.

Questo metodo molto usato a sud del Sahara favorisce la sua espansione, non trovando ostacoli naturali come piante.

<u>Gli sprechi</u>

La mancanza d'acqua nei paesi più degradati è dovuta anche allo spreco di questa risorsa nei paesi sviluppati.

Gli sprechi più rilevanti riguardano:
- l'intensiva irrigazione nell'agricoltura industriale
- lo spreco quotidiano all'interno delle famiglie

<u>Tasso di crescita della popolazione</u>

L'acqua è una risorsa non rinnovabile, che a causa dell'aumento della popolazione tende a diminuire per la maggiore richiesta.

Infatti è prevista una forte crescita demografica: con un tasso di crescita del 2% annuo, la popolazione raddoppia in 35 anni; con il tasso del 3% raddoppia in 23,5.

Ad esempio:
- IN NIGERIA - tasso annuale del 2,2%
- IN ALGERIA - 2,5%
- IN TUNISIA - 1%
- IN MAROCCO - 1,5%
- IN EGITTO - 1,9%

Effetti sulla mancanza d'acqua potabile

La mancanza d'acqua provoca numerosi effetti negativi sulle popolazioni.

Infatti al 29% della popolazione rurale mondiale non sono garantite le forme più elementari di accesso all'acqua, come l'allacciamento alla rete idrica, la possibilità di rifornirsi presso pompe pubbliche, pozzi o fonti d'acqua protette o riserve d'acqua piovana. Più del 62% della popolazione rurale mondiale vive in precarie condizioni igieniche, in case non connesse alla rete fognaria collettiva, senza fosse biologiche, con latrine prive di sciacquone o pozzo nero. Nelle città questa percentuale raggiunge il 14%.

Nella maggior parte dei casi, la scarsità d'acqua è un fenomeno che si manifesta quando la siccità e la diversione delle risorse idriche per l'agricoltura e l'industria limitano la quantità di acqua disponibile per rispondere ai bisogni primari della popolazione. Attualmente 2 miliardi e 300 milioni di persone vivono in paesi a rischio di scarsità idrica

I poveri che non hanno accesso ai servizi pubblici di fornitura d'acqua sono costretti a ricorrere a fonti come pozzi non protetti, sorgenti e canali di scolo o ad acquistarla presso venditori privati

In Africa non ha accesso all'acqua potabile il 53% della popolazione rurale e il 15% di quella urbana.

In termini di utilizzo idrico esiste un vero abisso fra ricchi e poveri. Le persone che vivono nelle nazioni industrializzate impiegano mediamente 400-500 litri d'acqua ogni giorno. Si considera invece che le persone che vivono nei paesi in via di sviluppo abbiano accesso all'acqua dolce se sono in grado di ottenere 20 litri d'acqua al giorno per persona in un raggio di un chilometro di distanza a piedi dalla propria abitazione. In numerose aree, invece, le persone debbono vivere con un quantitativo inferiore. Gli sciacquoni dei bagni del mondo industrializzato funzionano con un quantitativo d'acqua equivalente a quello che in media le persone che vivono nei paesi in via di sviluppo impiegano in un giorno intero per lavarsi, pulire, cucinare e bere. Le persone che vivono nel quartiere degradato di Kibeira, a Nairobi, in Kenya, pagano per un litro d'acqua fino a cinque volte di più rispetto al cittadino americano medio.

Effetti principali
Diffusione di malattie

Sono 800 milioni le persone che non hanno un rubinetto in casa e secondo le stime dell'OMS, l'Organizzazione Mondiale per la Sanità, più di 200 milioni di bambini muoiono ogni anno a seguito del consumo di acqua insalubre e per le cattive condizioni sanitarie che ne derivano. La mancanza di igiene crea l'habitat naturale per la proliferazione di malattie e virus che se non curati adeguatamente risultano mortali. L'assenza di fonti disponibili e accessibili di acqua potabile e di servizi igienici è strettamente collegata all'elevato tasso di malattie e mortalità. Si stima che 3 milioni e 400 mila persone muoiano ogni anno a causa di malattie collegate all'acqua.
Inoltre l'80% delle malattie nei Paesi africani è dovuto alla cattiva qualità dell'acqua. Sono fondamentalmente 5 le malattie di origine idrica:
- Malattie trasmesse dall'acqua (tifo, colera, epatite, dissenteria, gastroenterite, epatite).
- Infezioni della pelle e degli occhi (lebbra, congiuntivite, ulcere).
- Parassitosi legate all'acqua.
- Malattie dovute ad insetti vettori, ad esempio mosche e zanzare.
- Malattie dovute a mancanza d'igiene.

<u>**Conflitti**</u>
Al giorno d'oggi l'acqua è diventata un bene prezioso come il petrolio, di conseguenza l'acqua provoca conflitti tra nazioni. Una delle regioni più a rischio è il Nord-Africa. Il Nilo rifornisce d'acqua nove paesi in modo sproporzionato. Per questo ultimamente sono nate tensioni tra Egitto e Sudan.

Siccità
Definizione:
Il termine **siccità** proviene dal latino *siccus*, col significato di secco, arido. Indica la prolungata mancanza d'acqua, in genere per insufficienti precipitazioni atmosferiche; si intende anche l'aridità del terreno che ne consegue. Dal punto di vista umano, la siccità

non è semplicemente un fenomeno fisico, ma piuttosto un evento che segna la rottura dell'equilibrio tra la naturale disponibilità d'acqua e il consumo che ne fanno le attività umane e che può causare gravi danni sia all'ecosistema naturale sia alle attività agricole delle zone colpite. Un periodo di siccità può durare anche diversi anni, benché anche un breve ma intenso episodio possa essere altrettanto devastante In molte regioni del pianeta, la siccità è un evento periodico e, con adeguate strategie, parzialmente contrastabile.

In particolare si parla di:
- **siccità idrologica**, quando le riserve d'acqua in una regione si trovano al di sotto della media. Le riserve d'acqua includono il liquido presente in un bacino idrografico, in un lago, nella falda freatica, nei bacini artificiali. Può aver luogo anche in tempi di precipitazioni nella media (o sopra la media), a causa dell'aumentare della richiesta di risorse idriche.

<u>Conseguenze</u>

I periodi di siccità possono condurre a rilevanti conseguenze ambientali, economiche e sociali:
- morte del bestiame;
- riduzione dell'estensione dei campi coltivati;
- incendi;
- diminuzione della quantità di acqua destinata alle industrie;
- desertificazione;
- tempeste di sabbia, laddove la siccità colpisca regioni già desertiche e colpite dall'erosione;
- fenomeni di disidratazione nella popolazione;
- carestie, dovute alla mancanza di acqua utilizzata per l'irrigazione dei campi coltivati;
- tensioni sociali;
- migrazioni di massa, sia interne ad una regione sia riguardanti nazioni diverse;

- guerre, volte ad assicurarsi beni di prima necessità, come cibo e acqua;

<u>Emigrazioni</u>

L'esodo delle popolazioni dell'Africa è un fenomeno che riguarda un numero considerevole di persone, è sempre stato strettamente legato a fattori storici, politici e socio-economici. Infatti, sia in seguito a periodi di grande siccità sia a eventi a carattere politico e sociale, decine di migliaia di africani hanno lasciato il territorio per insediarsi altrove.

Quest'esodo è avvenuto in particolare negli anni di <u>grave siccità</u> nell'Africa. Il periodo più significativo è quello della fine degli anni '30 che si è esteso fino al 1951, ventennio durante il quale si verificò una lunga fase di penuria e di carestia.

<u>Mortalità elevata</u>

Si stima che un bambino muoia ogni 15 secondi a causa del mancato accesso all'acqua potabile e che circa 400 milioni di minori al mondo non abbiano acqua a sufficienza.

Si calcola che la distanza che in media un bambino africano deve percorrere ogni giorno per approvvigionarsi di acqua è di 6 km ma aumenta se il periodo è di siccità.

I bambini che vivono in aree sprovviste di acqua sono costretti a trasportarla in contenitori che pesano anche 20 kg, il che è causa spesso di danni alla spina dorsale e al bacino.

Come si può risolvere il problema dell'acqua in africa?

<u>Osservazioni sul problema</u>

Secondo l' Ocse (Organizzazione per lo sviluppo e la cooperazione economica) è necessaria una politica di sussidi più mirata costruendo infrastrutture (servizi sanitari) e razionalizzando la domanda d'acqua attraverso l'imposizione di prezzi in base alla quantità utilizzata. Secondo i dati emersi dall' Aeo (African Economic Outlook 2007), infatti, il problema dell' Africa non dipende dalla mancanza di risorse: l' acqua c'è, e ce ne sarebbe per molti, ma è distribuita in modo diseguale." La gestione dell' acqua, dall' estrazione alla distribuzione fino al trattamento dovrebbe essere integrata e non frammentata tra diversi ministeri. Bisogna inoltre rinforzare la gestione locale, perché le municipalità conoscono meglio i bisogni delle popolazioni. E ancora applicare una diversa politica degli incentivi, sensibilizzare la gente contro gli sprechi e razionalizzare la domanda attraverso i prezzi.

<u>La desalinizzazione</u>

Desalinizzazione significa una gamma di processi che vengono utilizzati per ridurre la quantità di solidi disciolti in acqua; questa è un' operazione molto costosa. Essa è stata per diverso tempo un processo oneroso e dai risultati non troppo soddisfacenti. Al giorno d'oggi si sta cercando un procedimento utilizzabile su larga scala.

<u>Come noi possiamo risparmiare l'acqua</u>

- Per ridurre il getto d' acqua dello sciacquone del water è sufficiente far installare un sistema di doppio pulsante di scarico.
- L' acqua piovana può essere raccolta.
- Le piante sul nostro terrazzo possono essere innaffiate con acqua già utilizzata per lavare la frutta.
- Controllare periodicamente le tubature.
- Ricollocare le colture in base alla disponibilità e alla produzione di acqua in ogni paese favorendo quindi la coltivazione nelle aree dove piove di più e dove c'è minore necessità di irrigare, oppure favorendo alcune colture che hanno bisogno di poca acqua.
- Risparmiare l'acqua per la pulizia personale, avendo piccoli accorgimenti (chiudere il rubinetto, fare la doccia invece che il bagno...)

CRISI IDRICA E IL SUO IMPATTO SULL'AMBIENTE IN AFRICA

La crisi d'acqua è una situazione in cui l'acqua disponibile all'interno di una regione è inferiore alla domanda nella regione. L'acqua comincia a diminuire in tutto il mondo e tutti gli indicatori dicono che diventerà ancora più scarsi in futuro. Diminuendo la disponibilità, in calo di qualità, e la crescente domanda di acqua sta creando un sacco di sfide. Lo scopo di questo lavoro è la mancanza di acqua ei problemi e le conseguenze collegati per l'uomo e per l'ambiente. Pur comprendendo che il problema che analizzeremo in questo documento può essere trovato in molte aree del mondo, paesi industrializzati e paesi in via di sviluppo, ci si concentrerà sul caso dei paesi in via di sviluppo, soprattutto in Africa. sfide scarsità d'acqua sono molti diversi tipi di problemi e rischi per l'uomo e per l'ambiente. L'analisi di questo lavoro si propone in primo luogo di esaminare il motivo per cui l'acqua è sempre più scarsa, soprattutto in Africa; In secondo luogo, per determinare i problemi ei rischi di condizioni di scarsità d'acqua negli esseri umani e ambiente comune; e la terza, che anche esso fornisce i metodi per gestire questi problemi e individuare i modi per affrontarla.

L'acqua è già prosciugando in molte parti del mondo. Più di un terzo della popolazione mondiale, circa 2,4 miliardi di persone vivono in paesi con scarsità d'acqua, e nel 2025 il numero è destinato ad aumentare fino a due terzi. Il calo della qualità delle acque è un grave problema a livello mondiale, soprattutto nei paesi in cui vi è un forte aumento della produzione agricola e lo sviluppo industriale, e la mancanza di un adeguato trattamento delle acque reflue.

Per capire il motivo per cui la crisi idrica in Africa è una questione importante, faccio notare che ci sono 884 milioni di persone che non hanno accesso all'acqua potabile; circa uno in otto persone. Ci sono molte ragioni per cui l'acqua è sempre più scarsa, soprattutto in Africa, tra cui precipitazioni irregolari e River Falls.

L'irregolarità della pioggia caduta in molte parti dell'Africa, come una forte pressione sulle risorse idriche. La distribuzione è molto irregolare; il continente media è di 14,870 metri cubi di acqua per abitante all'anno, ma la maggior parte delle regioni del continente, a parte l'Africa centrale riceve meno rispetto alla media. Nord Africa è il più secco di tutte le regioni d'Africa, che ha meno del 3% delle precipitazioni totali. Le risorse idriche in Africa orientale e meridionale sono meno della metà della media africana, ma l'Africa centrale, che hanno meno terra, e riceve il 37% di precipitazioni.

Il cambiamento climatico sta colpendo anche la scarsità d'acqua e di approvvigionamento. gran parte delle regioni più povere del mondo sono tenuti a far parte molto più secco a causa del cambiamento climatico. Un rapporto delle Nazioni Unite rivela che l'infrastruttura attuale non è in grado di catturare pienamente il cambiamento della situazione acqua e quindi non sarà sufficiente a soddisfare la domanda di acqua nei periodi di siccità.

Un altro motivo per la crisi idrica in Africa è fattori demografici come la crescita della popolazione, distribuzione per età, l'urbanizzazione e la migrazione. Questi processi influenzano la disponibilità e la qualità delle acque, aumentando la domanda di acqua e consumo e attraverso la contaminazione risultante dell'uso dell'acqua. La cattiva gestione delle risorse idriche e dei rifiuti è anche una grave minaccia per la disponibilità di acqua. Nella maggior parte delle città africane più della metà della fornitura di acqua non viene conteggiato da o sprecato. Anche in Africa in generale, sfruttare solo una piccola parte delle risorse idriche rispetto al resto del mondo e ha il potere di abbassare stoccaggio di qualsiasi regione. Inoltre, la disponibilità e la qualità dell'acqua sono messe in pericolo da inquinamento industriale causati da un uso inefficiente delle terre e l'uso di fertilizzanti, pesticidi e pratiche igienico-sanitarie poveri. Lo sviluppo economico colpisce anche la disponibilità di acqua. In molti paesi africani con l'espansione dell'urbanizzazione nei settori industriali e agricoli, la qualità dell'acqua è un problema importante. La mancanza di acqua colpisce lo sviluppo attraverso la riduzione della produzione alimentare, la salute rallentando e lo sviluppo industriale.

In molti paesi in via di sviluppo, i corsi d'acqua sono utilizzati per l'acqua e altre necessità, come la cucina, etc. e potabile contaminata è molto cattivo. La crescente domanda di acqua è la ragione principale per cui quasi 900 milioni di persone in tutto il mondo hanno una mancanza di acqua potabile e fino a cinque milioni di persone muoiono ogni anno per malattie legate all'acqua. La situazione d'acqua dolce in Africa in particolare non è buono. Dei 800 milioni di persone che vivono in Africa, più di 300 milioni vivono con scarsità d'acqua.

La scarsità d'acqua ha un impatto sugli esseri umani e l'abitabilità della terra, nonché per l'ambiente. Per quanto riguarda l'impatto della carenza idrica negli esseri umani si discuterà prima problemi di salute. malattie legate all'acqua sono tra le cause più comuni di malattia e di morte, che colpisce soprattutto i poveri nei paesi in via di sviluppo. malattie acqua come la diarrea, sono causate da acqua potabile contaminata, anche malattie come la malaria sono trasmesse da insetti che crescono in acqua stagnante. Ci sono più di 1 milione di persone muoiono ogni anno di malaria, la maggior parte dei quali sono in Africa (World Water Development delle Nazioni Unite relazione). Ci sono anche 3.575 milioni di persone muoiono ogni anno in materia di acqua e di malattia statisticamente ogni 20 secondi, un bambino muore di una malattia legate all'acqua (Facts acqua). Inoltre vi è un 43% dei decessi legati all'acqua a causa di problemi di stomaco, e l'84% dei decessi legati all'acqua sono nei bambini di età 0-14 e il 98% dei decessi che si verificano nel mondo in via di sviluppo legate all'acqua. Ci sono 1,4 milioni di bambini che muoiono di malattie di stomaco ogni anno e il 90% di tutti i decessi causati da malattie diarroiche sono bambini sotto i 5 anni di età, in particolare nello sviluppo di paesi (Facts acqua).

Un altro effetto della carenza idrica è nella produzione alimentare, lo sviluppo economico e la povertà. La principale fonte di approvvigionamento alimentare nel mondo è l'agricoltura, comprese le colture, il bestiame e le foreste, che dipendono dalla regolare deflusso delle acque. Anche l'industria, che è importante per la crescita economica, richiede buone risorse idriche. Un altro effetto importante della carenza idrica negli esseri umani è in genere equità. Milioni di donne e bambini trascorrono diverse ore al giorno la raccolta di acqua da lunghe distanze, e l'acqua è spesso contaminata. Nel complesso, le donne anche spendere 200 milioni di ore al giorno per raccogliere acqua (dati acqua). Un altro effetto della carenza idrica negli esseri umani stanno creando tensioni tra i diversi utenti che conducono a problemi tribali tra agricoltori e pastori, come nel caso del Sudan e le tensioni tra i paesi.

Effetti della carenza di acqua per l'ambiente sono in primo luogo, l'inquinamento, l'energia, i cambiamenti climatici e poi gli ecosistemi. ridotta quantità e qualità dell'acqua sono entrambi gravi impatti negativi sugli ecosistemi. L'inquinamento delle acque ha anche gravi effetti sugli ecosistemi. Un rapporto delle Nazioni Unite spiega che "L'ambiente ha una capacità di assorbimento di auto-pulizia naturale Tuttavia, se questo limite viene superato, la biodiversità è perduto;. I mezzi di sussistenza sono interessati, fonti alimentari naturali, come i pesci, sono danneggiati e gli alti costi di disinquinamento sono "(Rapporto sullo sviluppo mondiale sull'acqua delle Nazioni Unite). La carenza d'acqua porta anche alla siccità e alla desertificazione. Desertificazione, come definito nella Convenzione delle Nazioni Unite contro la desertificazione è "degrado delle terre nelle zone aride sub-umido, semi-aride e secche causati dai cambiamenti climatici e attività umane" (Programma delle Nazioni Unite). La regione del Sahara in Africa soffre di una carenza molto difficile di acqua dolce come pure; distribuzione dell'acqua non è uniforme, con grandi differenze regionali, stagionali e annuali. Queste differenze portano a condizioni generalmente asciutto.

Un altro effetto della carenza idrica è la produzione di energia. generazione di energia idroelettrica dipende grandi quantità di acqua. Anche l'acqua viene utilizzata per la lavorazione e trasporto di tutti i tipi di energia, come il carbone. Analogamente, sono necessarie grandi quantità di acqua per il raffreddamento degli impianti. La produzione di energia può anche causare l'inquinamento delle acque di grandi dimensioni.

Come possiamo, migliorare individualmente la situazione di crisi idrica? Migliorare la fornitura di acqua potabile da un lato è importante. programmi di gestione accettabili la qualità dell'acqua per la casa come il trattamento e la distribuzione dell'acqua potabile per ridurre il problema delle malattie di acqua dovrebbe essere migliorata. Miglioramenti nelle tecniche di irrigazione come ad esempio evitare in piedi e acqua corrente lenta, ed educare gli agricoltori a rischio di malattia avrà un impatto positivo. Inoltre, la necessità di programmi di gestione della domanda è importante. Questi programmi dovrebbero limitare il consumo di acqua, di incoraggiare il risparmio, una migliore gestione dei sistemi di distribuzione per affrontare perdite e campagne volte a conservazione.

Al fine di migliorare la situazione di crisi idrica c'è un bisogno urgente di migliorare la cooperazione regionale e l'azione politica in Africa per affrontare la possibilità di conflitti legati all'acqua e promuovere la cooperazione tra gli Stati essi condividono le risorse idriche. Molti credono che ingenti investimenti sono necessari per affrontare la situazione acqua. L'entità degli investimenti richiesti e l'impatto sui consumatori e l'economia deve essere affrontato. La cosa principale è quello di soddisfare l'equilibrio tra domanda e offerta e aumentare gli investimenti nelle infrastrutture idriche e trattamento delle acque reflue. E 'anche importante collegare crescita industriale con danni ambientali. C'è la convinzione tra gli ambientalisti che le imprese sono distruttive per l'ambiente perché ciò che vogliono è il profitto. In un articolo Dimand Jared, guarda questa idea da un punto di vista diverso e ha citato l'esempio della Coca Cola Company, che richiede una fornitura affidabile di acqua fresca e pulita locali per i loro prodotti. Dal momento che la fornitura di acqua è scarsa in molte aree del mondo e principalmente riservato per uso umano, come l'agricoltura, e ciò che rimane è in aree remote che sono lontani dalla società per l'accesso e la produzione. Questi fattori costringono Coca-Cola di preoccuparsi di problemi come la scarsità d'acqua, l'energia, il cambiamento climatico e l'agricoltura, in aggiunta agli obiettivi a lungo termine, come il lavoro nella conservazione del bacino di sette fiume del mondo insieme ad altri piani a breve termine, come la plastica riciclaggio. Pertanto è necessario un collegamento adeguato tra industria e ambiente. Organizzazione delle risorse idriche è importante la disponibilità di acqua. Questo include la protezione contro l'abuso di approvvigionamento idrico e di inquinamento, nonché contro irregolare e imprevedibile causata da cambiamenti globali. Un punto importante di migliorare la situazione dell'acqua è dato nelle indagini da Malin Falkenmark concluso che "il legame tra terra e acqua, e anche tra l'acqua e l'ecosistema dovrà essere adeguatamente collegato in una approccio alla terra / acqua / ecosistema … un importante collegamento deve essere fatta tra la sicurezza ambientale, sicurezza idrica e sicurezza alimentare "(Falkenmark). I temi della terra, l'acqua e gli ecosistemi non possono essere prese separatamente e devono essere trattati in un telaio combinato.

Questo lavoro si è concentrato sulla carenza idrica e suoi rischi e le conseguenze collegati per l'uomo e per l'ambiente, soprattutto in Africa. Il documento esamina perché l'acqua in Africa è sempre più scarsa, che è il risultato della caduta irregolare pioggia, la distribuzione non uniforme di acqua, pressione demografica, la cattiva gestione, lo sviluppo economico e il cambiamento clima. Il documento ha anche sottolineato che la minore disponibilità, la qualità in declino, e la crescente domanda di acqua stanno creando un sacco di sfide per l'uomo e la natura. Senza un accesso all'acqua affidabile, comunità africane si lotta per mantenere la vita, anche l'industrializzazione non può essere stabilito, di produzione e agroalimentari le forniture sono in via di estinzione, le tensioni tra i diversi utenti creati e la salute, la produzione energia, e l'equità di genere sono colpiti da scarsità d'acqua. Il documento prende in esame anche le conseguenze della carenza d'acqua nell'ambiente, tra cui l'inquinamento delle acque e degli ecosistemi, il riscaldamento globale, la scarsità d'acqua e la siccità, desertificazione, ecc Sono stati identificati diversi modi per affrontare la scarsità d'acqua. Ciò include il mantenimento dell'equilibrio tra offerta e domanda di acqua, gli investimenti nello sviluppo delle risorse idriche potenziale dell'Africa, l'organizzazione delle risorse idriche, e migliorare gli ecosistemi e la cooperazione regionale.

Nonostante il fatto che la carenza idrica non può essere un grosso problema per tutti i paesi del mondo di oggi, in paesi che soffrono di questi problemi problema dell'acqua deve essere affrontato. Se questo non è controllato e non elencato nel più breve tempo possibile, penso che si diffonderà e diventare un problema per molti altri paesi molto presto, alcuni dei quali sono già cominciando a sentire gli effetti. Ci sono diverse azioni che potrebbero essere efficaci nella preservazione e la conservazione di acqua e soluzioni necessarie per affrontare questa crisi.

UN SISTEMA DI APPROVVIGIONAMENTO D'ACQUA PER LE COMUNITÀ AFRICANE

Non dare le tematiche sull'acqua per scontate

<u>Tematiche per il coordinatore delle comunità:</u>

Benché la maggior parte della nostra formazione si focalizzino su come organizzare e formare una comunità incoraggiandola ad unirsi e a scegliere un'azione prioritaria, questo documento invece si concentra su un settore specifico, la fornitura di acqua potabile, cosa che può non essere una priorità per alcune comunità africane. Il metodo didattico resta invariato. Nel presente documento sono contenute delle considerazioni che sia il coordinatore che la comunità dovrebbero fare quando scelgono di occuparsi di questo settore.

L'approvvigionamento d'acqua, assieme ad alcuni altri elementi essenziali, è un fattore fondamentale per la salute di una comunità. L'acqua è, quindi, un importante agente che concorre all'obiettivo di ridurre la povertà in Africa, della quale le malattie sono una delle maggiori cause. E' importante per te e per la comunità conoscere i principi di assistenza sanitaria primaria e il ruolo che l'acqua in essi ricopre.

L'approvvigionamento d'acqua, per il rafforzamento di una comunità povera d'Africa, non è una fornitura di un bene per il consumo, si tratta bensì di un investimento.

Ci sono molte potenziali fonti d'acqua, ed ogni comunità di solito ne ha una serie. Non bisogna, quindi, concentrarsi su un unico tipo di fonte: è, invece, importante la buona gestione di tutte le fonti d'acqua da parte della comunità.

Allo stesso modo, esiste una serie di diverse tecnologie, per non menzionare la diversità di risultati e costi, per ogni tipo di potenziale fonte d'acqua. La comunità deve gestire la propria fornitura d'acqua considerando queste differenze.

Le tecnologie relative all'acqua devono sempre essere importate?

Un sistema di approvvigionamento d'acqua (o punto d'acqua) di una comunità è soggetto ad usura e può aver bisogno regolarmente di combustibile e lubrificanti. Una comunità deve definire chi è responsabile per la manutenzione, chi per le riparazioni, e come bisogna gestire il tutto.

Per far funzionare un punto, o sistema, di approvvigionamento d'acqua, c'è bisogno di risorse.

Quali sono le tematiche da considerare quando si sceglie l'acqua come priorità?

In questa pagina è presente una lista delle problematiche da risolvere se la comunità sceglie come sua priorità di attrezzarsi per l'approvvigionamento d'acqua. Di tutte queste problematiche si discute nel corso di questo documento. Esse sono di pertinenza del coordinatore e del suo lavoro nell'ambito della comunità.

- L'acqua da sola non diminuirà le malattie, né ridurrà la povertà;
- L'istallazione d'acqua potabile deve essere accompagnata da una campagna di sensibilizzazione sulle malattie legate all'acqua;
- E' necessario un cambiamento nei comportamenti affinché l'acqua potabile rimanga pura nel passaggio tra il rubinetto e la bocca;
- Se il somministro d'acqua si effettua per promuovere la salute, bisogna anche fornire gli impianti sanitari adeguati;
- La popolazione deve capire "perché farlo" oltre che "come farlo";
- L'approvvigionamento d'acqua non è un bene per il consumo, si tratta bensì di un investimento;
- La fornitura d'acqua non è gratuita;

- Bisogna rivedere l'idea per cui l'acqua dovrebbe essere gratuita (può essere un diritto che l'acqua sia gratuita, ma bisogna affrontare dei costi per trasportarla dalle sorgenti alla bocca);
- Fornire gratuitamente l'acqua ad una comunità promuove dipendenza e rende perpetua la povertà;
- E' più facile che le comunità che partecipano alla propria fornitura d'acqua la mantengano nel tempo;
- Il coordinatore deve capire i politici;
- I politici possono aiutare a sviluppare una comunità, ma tendono a promuovere la dipendenza;
- I comitati che si occuperanno dell'acqua dovrebbero essere trasparenti per quanto riguarda le proprie decisioni e l'aspetto finanziario;
- Le comunità devono organizzare tutte le campagne di sensibilizzazione;
- Le comunità devono imparare a gestire le proprie istallazioni per l'approvvigionamento d'acqua;
- Le comunità devono decidere quali siano le fonti d'acqua appropriate;
- Le comunità devono decidere quali siano le tecnologie appropriate per la propria fornitura d'acqua;
- Non c'è un singolo tipo di tecnologia che sia il migliore per tutte le situazioni;
- Si consiglia alle comunità di possedere un mix di tecnologie;
- Le comunità dovrebbero calcolare il costo pro capite della fornitura d'acqua;
- Le comunità devono decidere come recuperare i costi;
- Le comunità devono decidere se imporre tasse sul servizio o determinare tariffe;
- Le comunità devono distinguere tra i costi per l'investimento e i costi operativi; e

- Le comunità devono gestire le proprie istallazioni per la fornitura d'acqua.

ACQUA, SALUTE E CRESCITA DELLE COMUNITÀ AFRICANE

Se la comunità vuole un'istallazione per l'approvvigionamento d'acqua

<u>Per giustificare l'acquisizione di una nuova istallazione per l'approvvigionamento d'acqua</u>

Mettiamo il caso che tu sia il coordinatore di una comunità e si iniziA a discutere di fornitura d'acqua potabile. I membri della comunità dicono di volere un'istallazione per l'approvvigionamento d'acqua.

Chiedigli quale sia la giustificazione per la loro richiesta di una nuova (o del miglioramento dell'esistente) istallazione per la fornitura d'acqua. In parole povere, "se l'istallazione per l'acqua è la soluzione al problema, qual'è il problema in corso?" I membri della comunità possono non aver considerato a fondo la tematica. Il tuo lavoro è quello di incoraggiarli a considerare tutte le ragioni e le conseguenze, e guidarli nelle proprie analisi.

Se i membri della comunità indicano come ragione il voler essere moderni, o che una comunità vicina possiede un sistema di approvvigionamento d'acqua e quindi anche loro ne vogliono uno, allora bisogna che tu gli dica che hanno scelto un modo costoso di soddisfare l'orgoglio. (Può darsi che tu debba spiegare che questo tipo di motivazioni scaturiscono da orgoglio e gelosia e che queste non sono le migliori ragioni per impegnarsi in un progetto costoso). Forse esistono delle vie più economiche.

Un'istallazione affidabile per la fornitura d'acqua può risolvere due problemi principali. In primo luogo si riduce la quantità di tempo ed energia impiegati da chi si occupa del rifornimento. Inoltre, si tratta di un investimento. Questo secondo argomento è considerato in dettaglio nella pagina "L'acqua come un investimento della comunità." Forse la giustificazione più valida è che l'acqua potabile è un fattore importante (ma non solo) per il mantenimento di un buon stato di salute all'interno della comunità, ma per il suo ruolo nella prevenzione delle malattie.

<u>Diamo un'occhiata ai principi di assistenza sanitaria primaria:</u>

Della strategia PHC (Primary Health Care/Assistenza sanitaria primaria) dell'OMS (Organizzazione Mondiale della Sanità) fanno parte diversi elementi. Tra di essi ce ne sono alcuni che sono di stretta rilevanza per il coordinatore della comunità.

Si tratta dei seguenti:
- Se una società (in questo caso una comunità) ha poche e limitate risorse, è meglio utilizzarle per il trattamento di un piccolo numero di malattie comuni che colpiscono la maggioranza della popolazione, piuttosto che occuparsi di poche malattie rare che solo colpiscono poche persone;
- La prevenzione é di gran lunga più efficace (e utile) e molto meno costosa delle cure;
- Le tecniche di assistenza sanitaria economiche ma diffuse, praticate da molte persone di istruzione limitata (chiamati "dottori scalzi"), sono molto più efficaci per mantenere la popolazione sana piuttosto che tecniche complicate e dispendiose che possono essere praticate solo da poche persone di elevata istruzione su un piccolo numero di pazienti.

In quanto coordinatore, non solo dovresti conoscere queste strategie, bisogna anche che escogiti una maniera di renderle parte dei tuoi metodi volti alla crescita delle comunità.

Il fattore chiave della tua metodologia è trovare vie per cui i membri della comunità facciano proprie queste prospettive, attraverso la promozione di una presa di decisioni in forma autonoma, senza dettarle o predicarle, e senza tenere conferenze ai membri della comunità. L'approccio da utilizzare consiste nell'incoraggiarli a definire le proprie priorità, basandosi sull'osservazione comune dei problemi (Valutazione Partecipativa), e sfidarli a difendere le proprie decisioni.

Dipende da te, basandoti sulla tua profonda e dettagliata conoscenza della comunità, trovare delle strategie per riuscire a realizzare quanto appena detto. Quando incoraggi e guidi una comunità nella scelta del rinnovamento di una vecchia istallazione d'acqua, o nella costruzione di una nuova, se lo fai nel contesto dei principi di assistenza sanitaria primaria (PHC) il tuo lavoro darà risultati migliori.

Malattie e sviluppo:

Nel documento, I cinque fattori della povertà (nel programma di lotta alle cause dell'immigrazione clandestina), le malattie erano considerate tra le cinque maggiori cause che contribuiscono alla permanenza del problema sociale della povertà.

Quando i membri della comunità si ammalano, smettono di essere produttivi e veicolano il tempo e l'energia degli altri membri che si occupano di loro. I membri malati si trovano anche in una situazione di alto rischio di mortalità, cosa che fa venir meno la loro produttività nella comunità.

Forse tutti noi, inclusi noi stessi e i membri della comunità, spesso facciamo supposizioni riguardo all'assistenza sanitaria. Se qualcuno si ammala cerchiamo qualche medicina e altri trattamenti per rimetterlo in salute. Potremmo chiamarlo il modello "malattia" dell'assistenza sanitaria.

Un approccio più produttivo sarebbe considerare che tutti noi possiamo contrbuire meglio alla nostra comunità (non solo per quanto riguarda un impiego remunerato, ma anche in relazione alla nostra contribuzione domestica, ecc.) se siamo forti e in salute. Le risorse che abbiamo sono limitate e le utilizzeremo in maniera più efficace se le canalizziamo per la prevenzione contro le malattie, piuttosto che aspettare che queste arrivino e quindi spendere quelle risorse nelle cure.

Quindi, se, per esempio, la comunità decide che la sua priorità sia una clinica, sfida i membri chiedendogli quali problemi la clinica risolverebbe. Se rispondono che ci sono troppe malattie, chiedi se molte o almeno una parte di queste malattie possa essere prevenuta. Ciò ridurrà gli effetti negativi di ritrovarsi con dei membri ammalati, e ridurrà uno dei maggiori fattori di povertà. Un approccio preventivo, rispetto ad uno curativo, fa sì che le risorse si utilizzino in maniera molto più efficiente.

I membri della comunità non devono solo sapere cosa stanno facendo, devono anche sapere perché lo stanno facendo. I tuoi sforzi per la crescita della comunità devono anche essere volti a fornire informazioni ai membri che li supportino nella presa di decisioni coscienziose.

Se, durante la tua osservazione sociologica della comunità, noti che molti membri rifiutano la teoria del germe delle malattie, e preferiscono quella magica, informali del fatto che le due teorie non si escludono mutualmente. Entrambe possono essere utilizzate allo stesso tempo per spiegare il fenomeno. La teoria del germe semplicemente ci spiega come funziona il meccanismo di trasmissione delle malattie, mentre la teoria magica spiega perché alcuni membri e non altri si ammalano.

Il tuo lavoro non consiste nel lottare contro credenze religiose (visioni del mondo) prevalenti, ma in assistere la comunità per renderla più forte gestendo le proprie risorse in maniera più efficace.

<u>L'acqua da sola non è sufficiente:</u>
Poco sopra dicevo che un sistema di approvvigionamento d'acqua pura ricopre un ruolo importante nella riduzione delle malattie e nel migliorare la salute di una comunità. Ma non è l'unico fattore in gioco. Se la comunità ha deciso che l'istallazione per l'acqua è giustificata dall'obbiettivo di ridurre le malattie, bisogna che si effettuino anche altre azioni. L'acqua pura che viene fuori da una pompa o da un tubo non ridurrà magicamente le cause di malattia o migliorerà, da sola, il livello di salute.

Anche se la malaria, causata dalle punture di zanzara, è il maggiore killer in Africa, la seconda causa più importante, e forse la causa maggiore di malattie debilitanti così come di morte, specialmente tra i bambini, è una serie di malattie legate all'acqua che causano diarrea. Parassiti come e-coli (escherichia coli), amoebiasis, giardia lamblia ed altri sono trasportati dalle feci nelle istallazioni d'acqua. Non c'è bisogno di ricordare questi nomi strani per essere un buon coordinatore, bisogna però che tu sappia che questi esseri non si vedono nell'acqua, che causano malattie, e che i membri della comunità devono imparare a conoscerli.

Un grande problema è causato dal fatto che questi parassiti sono così piccoli che non si possono vedere senza microscopio. Non c'è differenza tra l'acqua pura e l'acqua contaminata. Visto che i microrganismi sono invisibili a occhio nudo, parlarne sembra come parlare di qualcosa di magico, ed è naturale che la gran parte dei membri della comunità siano scettici al riguardo.

Se l'acqua che viene fuori dalla pompa o dal tubo è pura bisogna che lo rimanga fino a quando arriva alla bocca. Il primo problema è dato dal fatto che è molto facile che l'acqua venga contaminata durante il passaggio dal rubinetto alla bocca. Se è bevuta nello stesso momento nel quale viene contaminata le malattie non saranno ridotte. Se qualcuno fa i suoi bisogni sulla superficie terrestre (sul bordo delle strade, vicino a cespugli, fattorie, nei vicoli urbani) le feci si depositano all'aria aperta. La pioggia dissolverà quelle feci, e tutti i parassiti presenti entreranno nell'acqua. Sono invisibili. Si riversano con l'acqua nel primo fosso, pozzanghera o rivolo, e possibilmente nei fiumi e nei laghi.

L'acqua è pulita e scintillante. Sembra innocua. E' mortale.

Depurare l'acqua contaminata richiede un procedimento lungo e costoso che comprende:
- filtraggio,
- bollitura,
- aggiunta di sostanze chimiche,
- o una combinazione di queste pratiche.

La maggior parte dell'acqua che proviene dal sottosuolo (dalle falde acquifere) e dell'acqua piovana è incontaminata. I fenomeni di evaporazione e condensazione della pioggia di solito non trasportano i parassiti, e la terra filtra naturalmente l'acqua sotterranea. Piuttosto che investire in costosi trattamenti per purificare l'acqua, è meglio trovare una via per mantenere l'acqua incontaminata durante il suo cammino dal rubinetto fino al consumatore.

Per far ciò c'è bisogno di un cambiamento di comportamento da parte dei membri della comunità. Questo è anche l'aspetto che maggiormente passa inosservato nella più parte dei progetti riguardanti i sistemi di fornitura d'acqua, e quello che, se non viene preso in considerazione, rende tutti gli altri sforzi inutili.

<u>Cambiare il comportamento:</u>

La gente cambia il proprio comportamento solo se trova una buona ragione per farlo, capisce perché bisogna farlo e se il cambio non richiede un grande sforzo. Convincere a cambiare un comportamento può rivelarsi la tua più grande sfida per te in quanto coordinatore. E' più difficile portare a termine questo compito che organizzare una comunità perché si riunisca e costruisca l'istallazione di approvvigionamento dell'acqua.

Non puoi imporre o inculcare l'idea, quindi bisogna trovare un modo di lavorare con la comunità grazie al quale, collettivamente, questa sceglierà di cambiare il proprio comportamento volontariamente e totalmente nei confronti dei parassiti invisibili (bastano le feci di una sola persona per contaminare un corso d'acqua).

Queste sono alcuni degli ostacoli che puoi trovarti di fronte:
- Le persone spesso si trovano a disagio a parlare delle funzioni corporee, specialmente in pubblico
- Molte tribù hanno dei tabù che impediscono di parlare degli escrementi umani;
- I membri della comunità preferiscono scavare un pozzo piuttosto che una latrina;

- I membri preferiscono contribuire (finanziariamente e attivamente) per ottenere una fonte d'acqua piuttosto che per una struttura per i rifiuti;
- Molta gente non accetta o capisce la teoria del germe delle malattie;
- Nessuno vuole pulire una latrina pubblica;
- Nessuno vuole assumersi la responsabilità della pulizia delle latrine pubbliche;
- Le latrine private sono spesso riservate a ospiti importanti o VIP;
- Pochi capiscono il legame esistente tra spargere le feci sul territorio e l'acqua contaminata;
- Pochi sanno o capiscono che mani che sembrano pulite possono essere contaminate;
- Pochi sanno che un secchio d'acqua pulita proveniente dal pozzo può facilmente essere contaminato durante il trasporto verso casa; e
- Pochi si rendono conto dell'alto livello di contaminazione dell'acqua di superficie.

Bisogna che tu trovi delle strategie per superare tutti questi ostacoli, e un modo per incoraggiare le persone a cambiare il loro comportamento (e attitudine) cosicché l'acqua rimanga pura dal tubo fino alla bocca.

Diffida delle campagne pubbliche, o per la comunità, per cambiare il comportamento della gente che non sono accompagnate da una chiara comprensione delle ragioni per cambiare. Spesso, se sei un osservatore sociologico attento e perspicace, ti accorgerai che nell'attuale comportamento ci sono degli effetti residuali di precedenti campagne che sono lontani da quelli voluti.

Per esempio, mettiamo il caso di una campagna per far sì che le persone, che prendono l'acqua in un pozzo comune, coprano il contenitore dell'acqua durante il tragitto verso casa senza spiegare il perché. Cinque o sei anni dopo, vedrai che i membri della comunità coprono i contenitori con pellicola sporca e usata, stracci o cartoni (di solito quando i residenti sanno che visiterai il pozzo), senza sapere il perché. Adesso è il fatto di coprire il contenitore che contamina l'acqua che c'è dentro.

Se una campagna per cambiare il comportamento è necessaria, non può essere organizzata dal coordinatore o da qualsiasi gruppo responsabile del progetto per l'acqua. Bisogna che sia una decisione consapevole del consiglio esecutivo responsabile dello sviluppo della comunità, basata sulla comprensione profonda della natura della prevenzione delle malattie legate all'acqua.

La comunità dovrebbe tenere un'assemblea pubblica per discutere della campagna e delle sue ragioni. I membri devono individuare varie vie, incluso temi scolastici per i bambini, premi e la possibilità di leggere il loro contributo durante riunioni. E' la comunità che dovrebbe organizzare la realizzazione e la diffusione di poster colorati (e altre campagne). Il ragionamento, così come la discussione sul cambiamento di comportamento proposto, devono essere effettuati pubblicamente da tutti i membri della comunità. Degli ospiti "esperti" dovrebbero essere invitati dalla comunità per discutere le ragioni ed anche le azioni proposte.

La cosa importante è che i metodi partecipativi che utilizzi per una campagna di cambiamento comportamentale e presa di coscienza (riguardante le ragioni di salute che guidano al cambiamento) dovrebbero essere gli stessi che utilizzeresti per qualunque altro progetto della comunità che promuovi.

La decisione di far qualcosa, di pianificarlo, di implementarlo e monitorarlo deve essere presa dall'intera comunità, e i dettagli devono essere portati a termine dal consiglio esecutivo della comunità. Evita di farlo tu e lascia che la comunità lo faccia.

Fai una lista di tutti gli ostacoli sopra descritti (e di altri che potresti scoprire) sulla lavagna insieme con la comunità, e utilizza metodi di "brainstorm" per sviluppare un progetto per il cambiamento di comportamento, così come faresti per qualunque altro progetto di comunità.

Ricorda i concetti base della metodologia per lo sviluppo e la crescita (empowerment).

Se sei tu a fare il lavoro di presa di decisioni, pianificazione, gestione, implementazione e controllo al posto della comunità saresti come l'allenatore che incita i giocatori. Questo atteggiamento non rafforza la comunità; la indebolisce. Suggerisci, stimola, organizza e incoraggia, utilizzando le tecniche della nostra formazione, lasciando che la comunità si rafforzi (e che il progetto venga sostenuto) piuttosto che farla diventare più dipendente.

I membri della comunità potrebbero scegliere il rifornimento d'acqua come loro priorità. La giustificazione più importante per farlo è che questa può ridurre le malattie e quindi la povertà.

L'acqua da sola non migliorerà la salute; la coscienza del ciclo delle malattie legate all'acqua e dell'importanza di mantenere l'acqua pura lungo il tragitto fino alla bocca (che richiede un cambiamento nel comportamento) deve accompagnare il processo di costruzione o rinnovamento di un'istallazione per l'acqua.

Questa combinazione di fattori può risultare più efficace nella prevenzione delle malattie e nella diminuzione della povertà che la costruzione di una clinica o altre scelte che i membri della comunità credono possano migliorare la salute.

L'ACQUA COME UN INVESTIMENTO DELLE COMUNITÀ AFRICANE

Acqua pura e riduzione della povertà , anche se si suppone il contrario, l'acqua non è gratuita

Nel documento principi di generazione del reddito (nel un programma di lotta alle cause dell'immigrazione clandestina), si diceva che con qualunque cosa di valore (bene o servizio) si possono fare tre cose. Si può :

- consumare,
- conservare (immagazzinare) o
- investire.

Costituisce ricchezza ciò che è utile ed, allo stesso tempo, presente in scarsa quantità; è diverso da ciò che avviene per il denaro, che può essere utilizzato per immagazzinare, scambiare o misurare la ricchezza. La ricchezza ha più valore quanto più è utile e/o limitata in quantità.

Queste definizioni suonano accademiche, o addirittura pedanti, ma sono essenziali per far capire come combattere la povertà e rendere più forti le comunità.

Uno dei tuoi compiti, in quanto coordinatore, è unire la comunità, far sì che essa identifichi i suoi problemi prioritari e i propri obiettivi, cerchi le soluzioni, sviluppi un piano d'azione, intraprenda e monitori, al fine di diventare più forte (empowered). Oggi, visto che l'acqua diviene sempre più scarsa per via dell'aumento della popolazione, le comunità, rurali e urbane, sempre di più scelgono l'acqua potabile come loro preoccupazione principale. Qual'è il ruolo dell'acqua, quindi, per il rafforzamento delle comunità e la riduzione della povertà in Africa?

<u>Investimento o bene di consumo?</u>

Quando teniamo un bicchiere d'acqua e la mandiamo giù, stiamo chiaramente consumando dell'acqua. Quest'immagine può confondersi quando parliamo dell'acqua come investimento sociale.

Sfortunatamente, l'acqua è vista come un bene di consumo da giornalisti, politici e molti membri di organizzazioni donatrici. Ad ogni modo, la costruzione (o ristrutturazione) di un'istallazione per la fornitura d'acqua non può definirsi "consumo", si tratta di un investimento. Questo è importante per te che sei il coordinatore, e c'è bisogno che consideri questi aspetti quando prepari le tue strategie.

Le risorse che puoi far ottenere alla comunità tramite la tua guida possono aumentare se si cambia questa percezione incorretta e si dimostra che un sistema per la fornitura d'acqua è davvero un investimento, e non solo qualcosa destinato al consumo.

Il ruolo dell'acqua pura nella riduzione delle malattie, è uno degli aspetti che rende la fornitura d'acqua un investimento. Diminuendo le malattie si riduce la povertà. Nota, però, che l'acqua, da sola, non può svolgere questo compito: bisogna che sia accompagnata da :

- un cambiamento nel comportamento (per spezzare il ciclo delle malattie legate all'acqua), e dal fatto che
- tutti capiscano come e perché quel cambiamento di comportamento sia essenziale alla riduzione delle malattie.

Parallelamente, tale cambiamento nel comportamento implica la necessità di costruire delle istallazioni sanitarie. L'acqua è necessaria ma non sufficiente a ridurre le malattie e, quindi, la povertà.

Un altro aspetto, non medicale dell'acqua come investimento sociale riguarda il tempo e l'energia che la comunità intera impiega per rifornirsi di acqua incontaminata. In questo caso la distanza è un fattore importante.

Se le persone bevono acqua proveniente da pozzanghere o corsi d'acqua contaminati, esiste un problema di salute, e povertà e malattie continueranno. Se le persone capiscono qual'è la natura delle malattie legate all'acqua e ai parassiti presenti nelle feci, e quindi evitano pozzanghere e corsi d'acqua contaminati, o se si è nella stagione secca e non ci sono fonti d'acqua nei paraggi, il problema principale diviene quello della distanza dell'istallazione d'acqua.

In molte zone dell'Africa rurale, bisogna camminare per dieci chilometri o più per ottenere dell'acqua. Storicamente e secondo i costumi, il compito di rifornirsi d'acqua è ricaduto su donne e bambini. Quando per procurarsi pochi litri d'acqua c'è bisogno di impiegare quattro o cinque ore al giorno, quelle quattro o cinque ore vengono sottratte ad altri lavori produttivi in casa, nelle fattorie o nella comunità. La distanza diminuisce la disponibilità di risorse e contribuisce ad accrescere la povertà.

Costruendo una nuova istallazione per la fornitura d'acqua, o ristrutturandone una esistente, il numero di ore e di energia umana, necessarie ad ottenere l'acqua, vengono drasticamente ridotte.

Investire significa canalizzare la ricchezza lontana dal consumo immediato al fine di aumentare la ricchezza futura. La costruzione o ristrutturazione di un'istallazione per la fornitura d'acqua richiede risorse, ma, allo stesso tempo, fa sì che venga recuperato un gran numero di risorse di grande valore. Si tratta di un investimento.

La provvista d'acqua (non ancora consumata), di per sé, ha un ruolo secondario nella riduzione della povertà. Il recupero delle risorse impiegate per l'approvvigionamento, e la diminuzione delle malattie (se gli altri fattori sono inclusi), sono gli aspetti più importanti della fornitura d'acqua, poiché sono importanti per diminuire la povertà e aumentare la crescita della comunità.

Il tuo lavoro, in quanto coordinatore, consiste, quindi, nel trovare vie per cambiare la percezione comune dell'acqua come bene di consumo, e per far considerare un'istallazione per la fornitura d'acqua come un investimento importante e di valore. L'aumento di ricchezza dovuto al fatto di avere una pratica risorsa d'acqua gioca un ruolo minore nella riduzione della povertà. Il grande valore dell'investimento, e un grande contributo alla guerra alla povertà è dato dal tempo e l'energia recuperati grazie alla riduzione della distanza dalla fonte d'acqua.

Non devi fare solo pressione sulle autorità locali, i politici, le organizzazioni donatrici e i giornalisti, ma, in quanto coordinatore, bisogna anche che tu spinga e guidi la comunità affinché faccia questo tipo di pressioni essa stessa. Spingendola a fare il lavoro, rafforzi la comunità; è quando sei tu a fare il lavoro per i membri della comunità che la rendi debole. Conduci queste campagne di sensibilizzazione (di appoggio, di pressione) come faresti con qualunque altro progetto o iniziativa della comunità.

Se i membri della comunità pensano che un'istallazione per la fornitura d'acqua sia il loro obiettivo principale, e non hanno risorse locali a disposizione, non mettere queste risorse nelle loro mani. Stimolali e guidali in una campagna di appoggio e pressione, cosicché contribuiscano con il proprio tempo ed energia, crescano e acquistino consapevolezza durante il processo. Se sei tu che fai le pressioni al posto loro contribuisci all'aumento della loro dipendenza.

L'acqua non è gratuita:

Storicamente, quando il mondo era più pulito e libero dall'inquinamento urbano e industriale, quando la popolazione era in minor numero e più sparpagliata, ottenevamo l'acqua senza scambio di denaro. Semplicemente la prendevamo dai fiumi, laghi, pozzi e pioggia. Pensavamo fosse gratuita perché non c'erano i soldi, senza riconoscere che, anche in passato, si è dovuto impiegare capitale e terra per conseguirla. (Ricorda che la vera ricchezza non è la stessa cosa che il denaro; la ricchezza ha valore se è utile e presente in scarsa quantità anche quando i soldi non sono implicati). L'acqua ha valore.

La supposizione comune, incorretta anche nel passato, era che l'acqua fosse gratuita. Non lo è. L'acqua non può essere fornita ad una comunità senza spese. Se qualcuno lo fa, la comunità viene indebolita e si accresce la dipendenza. Se è la comunità a farlo, allora una parte delle risorse di questa devono contribuire all'azione intrapresa.

Il tuo lavoro, in quanto coordinatore, non è educare i membri della comunità. E' stimolarli affinché si auto-educhino. Come far sì che ciò diventi realtà è spiegato in questi moduli formativi.

Considera una campagna per la sensibilizzazione come azione della comunità, e incoraggia e guida la comunità nella comprensione di questa azione così come faresti se volessi che la priorità fosse costruire una scuola, una clinica o un'istallazione per l'acqua.

L'ACQUA IN AFRICA E I POLITICI ALLEATI PRUDENTI O PERICOLOSI AVVERSARI

I coordinatori devono comprendere i politici

Cosa desiderano i politici:

I politici possono essere pericolosi per i coordinatori. Nel migliore dei casi possono essere degli alleati prudenti. Nel peggiore, possono danneggiare la gran parte del lavoro di rafforzamento fatto dai coordinatori. Perché?

L'obiettivo, il desiderio e l'intenzione maggiore di un politico che é stato eletto consiste nell'essere rieletto, possibilmente per un incarico più importante. L'intenzione maggiore di un politico che non é stato eletto (alti funzionari), è quello di conservare l'impiego ed ottenere un incarico più importante. Ai politici non interessa rafforzare una comunità se questo non li aiuta a raggiungere i propri obiettivi principali.

Se la popolazione percepisce l'acqua come un bene gratuito, che deve essere fornito gratuitamente dal governo, allora non sarà nell'interesse dei politici dire che l'acqua non è gratuita. (In realtà, l'acqua non è gratuita). Ciò non avrebbe un effetto positivo sull'opinione pubblica. Per essere eletto, o per avere una promozione, un politico è tentato dal fare delle promesse alla gente. Le promesse incoraggiano la formazione di una cultura della dipendenza. Per i politici, dire che si fornirà l'acqua gratuitamente è una facile promessa.

Se esiste una vera mobilitazione per il rafforzmento locale, a prescindere da chi la stia attuando, i politici hanno la tentazione di dire che verrà fornita l'acqua gratuitamente, e permetteranno al coordinatore di cercare di contraddirli. La fornitura gratuita d'acqua, da parte di qualunque agenzia, aumenterà la dipendenza, perpetuerà il mito che l'acqua è gratuita, ed inoltre aumenterà la povertà piuttosto che ridurla. Se l'acqua non arriva, il politico può prendersela con il coordinatore. Se il coordinatore rende pubblici questi fatti, può vedersi ritirare la propria credenziale o licenza per operare dai politici che non vogliono rendere troppo pubblici questi avvenimenti. La prima vittima della politica (così come in guerra) è la verità.

L'unica strategia che il coordinatore può utilizzare è dimostrare che se si permette di sviluppare l'approccio volto al rafforzamento, la società sarà economicamente più stabile, più informata, e più forte. Se la popolazione vede che i politici hanno supportato questo processo (invece di dire bugie o sovvertirlo), questi ultimi ne trarranno beneficio.

Se i politici, durante la loro campagna elettorale o di promozione, spiegano che l'acqua, benché non sia gratuita, è un investimento e che le comunità, facendo uno sforzo, possono diventare più forti, allora i politici possono essere alleati. I politici disonesti e di strette vedute non ci interessano. I politici che mettono il benessere della comunità in primo piano sono i benvenuti.

L'ACQUA IN AFRICA E LA COSCIENZA PUBBLICA

L'acqua, da sola, non ridurrà le malattie e la povertà; bisogna anche che la comunità organizzi e sviluppi una campagna di consapevolezza efficace

Informare la comunità:

L'acqua è un elemento importante per il rafforzamento della comunità in Africa. Costruire o ristrutturare un'istallazione per la fornitura d'acqua, però, non è semplice ed ha molte implicazioni inaspettate. Ciò deve essere ben compreso sia da te in quanto coordinatore che dalla comunità che vuoi coordinare.

Le argomentazioni relative all'acqua includono le seguenti (ma non sono limitate a queste):

- L'acqua da sola non diminuirà le malattie, né ridurrà la povertà;
- L'istallazione d'acqua potabile deve essere accompagnata da una campagna di sensibilizzazione sulle malattie legate all'acqua;
- E' necessario un cambiamento nei comportamenti affinché l'acqua potabile rimanga pura nel passaggio tra il rubinetto e la bocca;
- Se il somministro d'acqua si effettua per promuovere la salute, bisogna anche fornire gli impianti sanitari adeguati;
- La popolazione deve capire "perché farlo" oltre che "come farlo";
- L'approvvigionamento d'acqua non è un bene per il consumo, si tratta bensì di un investimento;
- La fornitura d'acqua non è gratuita;
- Bisogna rivedere l'idea per cui l'acqua dovrebbe essere gratuita;
- Fornire gratuitamente l'acqua ad una comunità promuove dipendenza e rende perpetua la povertà;

- E' più facile che le comunità che partecipano alla propria fornitura d'acqua la mantengano nel tempo;
- Il coordinatore deve capire i politici;
- I politici possono aiutare a sviluppare una comunità, ma tendono a promuovere la dipendenza;
- I comitati che si occuperanno dell'acqua dovrebbero essere trasparenti per quanto riguarda le proprie decisioni e l'aspetto finanziario;
- Le comunità devono organizzare tutte le campagne di sensibilizzazione;
- Le comunità devono imparare a gestire le proprie istallazioni per l'approvvigionamento d'acqua;
- Le comunità devono decidere quali siano le fonti d'acqua appropriate;
- Le comunità devono decidere quali siano le tecnologie appropriate per la propria fornitura d'acqua;
- Non c'è un singolo tipo di tecnologia che sia il migliore per tutte le situazioni;
- Si consiglia alle comunità di possedere un mix di tecnologie;
- Le comunità dovrebbero calcolare il costo pro capite della fornitura d'acqua;
- Le comunità devono decidere come recuperare i costi;
- Le comunità devono decidere se imporre tasse sul servizio o determinare tariffe;
- Le comunità devono distinguere tra i costi per l'investimento e i costi operativi;
- Le comunità devono gestire le proprie istallazioni per la fornitura d'acqua.

Questa lista non è corta. Tutti i punti sono importanti e non bisogna ometterne nessuno.

Tu, in quanto coordinatore, e la tua organizzazione (ONG, istituzione governativa, ecc.) non dovete assumervi il compito di pianificare una campagna di sensibilizzazione. Questa dev'essere parte integrante di ogni programma legato all'acqua, e deve essere fatta dalla comunità. Tu puoi incoraggiare, stimolare, formare la comunità per impegnarsi in tale campagna, ma non dovresti fornire tu la campagna già pronta.

Costruire o ristrutturare un'istallazione per la fornitura d'acqua è un investimento sociale. Per prima cosa, ciò richiede sacrifici, la canalizzazione delle risorse verso attività che non sono di consumo diretto, ma sono volte ad aumentare il consumo futuro. Questo progetto gioca un ruolo nella riduzione delle malattie e della povertà, ed aumenta il potere e la ricchezza della comunità, ma solo se tutti i punti di cui si è parlato formano parte del processo.

Per far sì che la comunità sia in grado di fare quanto descritto, usa i principi dell'empowerment (rafforzamento) e le tecniche di coordinamento ai quali una parte di questi moduli formativi sono dedicati.

LE FONTI DI ACQUA POTABILE IN AFRICA, ALTERNATIVE PER LA PRESA DI DECISIONI NELL'AMBITO DELLA COMUNITÀ

Una comunità dovrebbe avere varie fonti d'acqua potabile e gestirne la fornitura scegliendo fra queste

<u>Un fatto di scelta:</u>

Quasi ogni comunità in Africa ha una serie di fonti d'acqua pura. Il tipo di tecnologia necessaria a far arrivare l'acqua alle persone varia a seconda delle diverse fonti, e tali tecnologie alternative hanno diversi costi associati ad ogni tipo di fonte. La situazione ideale per la quale il coordinatore deve lavorare è quella in cui una comunità, attraverso il suo comitato esecutivo, sia totalmente consapevole delle opzioni, conosca i costi relativi e i benefici, e gestisca le proprie risorse d'acqua potabile.

Troppo spesso crediamo che ci sia una sola via per ottenere l'acqua potabile. Ciò può essere vero per la maggior parte delle comunità nelle quali lavori, ma, in quanto coordinatore, il tuo lavoro consiste nell'essere al corrente della possibile serie di alternative, ed essere in grado di presentarle ai membri della comunità, cosicché essi possano prendere delle decisioni e scegliere le fonti appropriate alla loro situazione.

Perché i membri della comunità sappiano quali sono le fonti alternative bisogna che facciano una valutazione. Questo è il tuo lavoro: coordinare una valutazione partecipativa, nella quale li guidi e stimoli a produrre un inventario accurato. In quanto gestori, i membri della comunità devono considerare tutte le fonti potenziali, interessarsi dei costi e benefici di tutte le tecnologie esistenti, valutare tutte le risorse (finanziarie e non), e prendere decisioni organizzative che bilancino costi e benefici delle varie strategie.

Quindi, quali sono le tipologie di fonti d'acqua che ci si aspetta si trovino nella lista scaturita dalla valutazione?

<u>Le tre principali categorie di fonti:</u>

Per ogni comunità, le proprie potenziali risorse d'acqua potabile, di solito, si dividono in tre categorie:
- acqua che si trova nell'aria,
- acqua che si trova in superficie, e
- acqua che si trova nel sottosuolo.

Quando si fa una valutazione partecipativa, prepara una checklist e considera le fonti che appartengono a queste tre categorie.
Osserviamo queste categorie più da vicino.

<u>L'acqua che proviene dall'aria:</u>

La maggior parte dell'acqua che si trova nell'aria è evaporata. Il vapore acqueo è un gas piuttosto che un liquido. Quando vediamo le nuvole, comunque, non stiamo osservando un gas, ma dell'acqua condensata, a volte intorno a particelle di polvere. Queste micro-gocce sono liquide, ma sono così piccole che lievitano nell'aria formando nuvole, fino a quando si raggruppano e cadono sulla terra. Le precipitazioni (acqua che cade sulla terra) possono avvenire mentre l'acqua si trova sotto diverse forme. Se liquida, si chiama pioggia. Se cristallizzata, cade sotto forma di neve. Se congelata, si ha il fenomeno della grandine.

A volte la grandine che cade viene poi riportata in alto, attraendo più acqua che congela in altitudine, é diventa più grande. Questo può succedere varie volte cosicché i pezzi di grandine possono diventare grandi fino a raggiungere i due o tre centimetri di diametro. Molto raramente cade la neve ai tropici, e solitamente solo ad elevate altitudini in montagna. Anche la grandine cade ai tropici in rare occasioni, perché la temperatura di congelamento si trova ad elevate altitudini, e non vicino alla superficie.

Per cui, quando parliamo di prendere l'acqua dall'aria ci riferiamo alla pioggia. Non appena l'acqua tocca la terra si parla di acqua che proviene dalla superficie.

Quando l'acqua viene riscaldata ed evapora, gli agenti contaminanti, incluso la sporcizia e i microrganismi, di solito non vengono trasportati dal vapore acqueo. Se il vapore condensa e ridiviene liquido, l'acqua che ne consegue è pura come l'acqua distillata. Sfortunatamente, il processo di condensazione non è così semplice, poiché la sporcizia e i microrganismi si trovano nell'aria, e l'acqua può combinarsi con essi. Ad ogni modo, nella maggior parte dei casi, gli agenti contaminanti non sono sufficienti per causare diarrea, quindi l'acqua piovana può essere considerata pulita e sicura da bere.

Si discute della tecnologia per raccogliere l'acqua piovana nel documento: Tecnologie relative all'acqua a disposizione del coordinatore.

<u>L'acqua che si trova in superficie:</u>

L'acqua sulla superficie può essere statica o scorrere. L'acqua in movimento può andare dai piccoli ruscelli fino ai grandi fiumi. L'acqua nella sua dimensione più statica può trovarsi nelle pozzanghere temporanee fino ai laghi o agli oceani.

Le piccole pozzanghere, comuni durante la stagione delle piogge, sono facilmente le più contaminate da malattie legate all'acqua, mentre gli oceani hanno troppo sale perché la loro acqua sia potabile e c'è bisogno di una tecnologia speciale per rimuoverlo. A pari fattori, in generale è più facile che l'acqua sia sicura se è in movimento piuttosto che statica. L'acqua ferma per lungo tempo diviene stagnante e contaminata, come in una palude piena di tante forme di vita alcune risultano insalubri per l'essere umano.

Se ha un cattivo odore probabilmente non si può bere.

Varie tipologie di tecnologie si utilizzano per prendere l'acqua dalla superficie e trasportarla nelle case per il consumo. Di queste si tratta nel documento citato sopra.

<u>L'acqua che si trova nel sottosuolo:</u>

Quando piove, non tutta l'acqua resta in superficie e finisce nei fiumi, nei laghi ed, eventualmente, negli oceani. Una parte di quell'acqua viene assorbita dalla terra.

Sottoterra l'acqua scorre in maniera simile che in superficie, in fiumi e laghi. Una corrente d'acqua sotterranea si chiama "falda acquifera". L'acqua scorre attraverso la terra porosa, di solito ghiaia e, a volte, sabbia. Viene, invece, contenuta dalla terra non porosa, di solito da rocce solide o argilla.

Non esiste alcuna garanzia che sotto un determinato appezzamento di terreno ci sia una falda acquifera. In certe aree non esiste acqua sotterranea.

Una falda acquifera può essere poco profonda (vicina alla superficie) o profonda. Sebbene ci siano molte varianti, di solito una falda acquifera poco profonda contiene acqua dolce (incontaminata) mentre l'acqua di una falda profonda, che é scorsa sottoterra a lungo, è piena di minerali, quindi a volte troppo salata per essere bevuta.

In genere, l'acqua del sottosuolo si raccoglie tramite un pozzo scavato fino ad essa. L'acqua viene portata in superficie con secchi o pompe. Ulteriori dettagli si trovano nel documento sopra menzionato, Tecnologie relative all'acqua. A volte, poiché l'acqua scorre sotto una superficie frastagliata, spunta in superficie. Si ha allora una sorgente d'acqua. Una comunità che possiede una sorgente deve proteggerla dalla contaminazione anziché scavare un pozzo.

Altre volte, l'acqua sotterranea raggiunge profondità elevate, sotto la crosta fredda, dove la terra è calda, e viene scaldata dal nucleo della terra. Quando il vapore di quest'acqua scaldata si espande, viene spinto in alto verso la superficie, e a volte emerge sotto forma di sorgente d'acqua termale. Molte di queste sorgenti contengono minerali che provengono dagli strati interni della terra, alcuni sono tossici, altri benefici, raramente potabili.

<u>Che fare?</u>

Questo documento non è tecnico né scientifico, vuole solo darti sufficienti conoscenze, informazioni meteorologiche e geologiche per aiutarti nel tuo lavoro di rafforzamento delle comunità. I membri della comunità, così come te, non hanno bisogno di diventare idrogeologi, meteorologi o ingegneri per avere le conoscenze necessarie a sviluppare un piano di gestione per l'acqua potabile. Semmai avessi voglia di saperne di più sul tema documentandoti ti incoraggiamo a farlo, perché tu possa guidare la comunità a saper prendere delle decisioni autonomamente.

Non c'è bisogno di spiegare ai membri della comunità ciò che stai leggendo in questa pagina. I membri della comunità conoscono già le tre fonti originarie ed i vantaggi e gli svantaggi di ciascuna. Durante una sessione di pianificazione, fai in modo che queste nozioni vengano fuori dai membri della comunità, ed utilizza una lavagna (o una lavagna a fogli) per annotarle. Poi, rivedi le fonti potenziali focalizzando l'attenzione su se la comunità abbia considerato seriamente ognuna di esse durante la scelta della combinazione di fonti adatta al proprio caso. Stimola i membri della comunità a selezionare una scelta di fonti, e ad alternarne l'uso in base al loro cambiamento rispetto alle stagioni. Affidarsi rigidamente ad una sola fonte non è consigliabile.

Il concetto chiave è "gestione dell'acqua", e per far sì che la comunità si rafforzi i membri devono gestire la propria istallazione per la fornitura d'acqua.

TECNOLOGIE RELATIVE ALL'ACQUA A DISPOSIZIONE IN AFRICA

Fornire l'acqua alla popolazione, è meglio se una comunità che gestisce la propria fornitura d'acqua si avvalga di una combinazione di tecnologie

Il trasporto dell'acqua:

Indipendentemente dal tipo di fonte, l'acqua dev'essere trasportata fino al luogo nel quale verrà consumata. Se viene trasportata, attraverso pompe o tubi, ciò significa che viene impiegata una tecnologia. A volte l'acqua deve passare attraverso una procedura che la renda potabile, e ciò implica l'impiego di ulteriore tecnologia. Ricorda di quando abbiamo parlato di cosa sia una comunità e di come funziona: la tecnologia è una dimensione culturale, trasmessa e sviluppata attraverso simboli piuttosto che attraverso i geni. Per questo, quando si parla di come le persone trasferiscano l'acqua potabile dalla propria fonte al luogo nel quale verrà utilizzata, ci si riferisce a una questione di tradizioni, concetti, valori, abitudini ed altre costruzioni umane.

Facendo sì che una comunità inizi a pensare alla gestione dell'acqua in modo razionale ed analitico, considerando costi e benefici, si stimola e guida un cambio sociale. Credere che la tecnologia sia fredda, razionale e indipendente dalla cultura (come fanno molti ingegneri), significa non rendersi conto del carattere culturale della tecnologia, e ciò può portare al fallimento del progetto di sostegno per la fornitura d'acqua.

Durante il processo di coordinamento della comunità, se essa ha scelto la fornitura d'acqua come priorità, dovrai aiutarla nella ricerca di una strategia da adottare. Di solito, si tende a pensare che ci sia una sola maniera per rifornirsi d'acqua, e che il lavoro meccanico sia sempre migliore di quello manuale. Anche l'attitudine è importante. I membri della comunità, forse perché spinti dall'orgoglio o dal desiderio di sembrare moderni, spesso vogliono macchine costose e sofisticate, quando invece le risorse disponibili per farle funzionare ed effettuare la manutenzione mostrano che un sistema manuale sarebbe più appropriato.

I membri della comunità devono sviluppare una prospettiva che includa varie alternative rispetto alle fonti d'acqua ed alle tecnologie per il suo trasporto.

E' importante che questo punto di vista non provenga dall'esterno della comunità. In quanto coordinatore, devi fare in modo che queste idee vengano fuori dai membri della comunità, attraverso il loro esecutivo, come parte del processo di pianificazione di un progetto comunitario.

<u>Livelli di sofisticatezza tecnologica:</u>

Forse la tecnologia idrica più semplice consiste nell'immergere un recipiente in una superficie piena d'acqua e, poi, portarlo alla bocca. Tra le più complicate, costose e sofisticate ci sono le tubature del sistema idrico di grandi città come New York. Tra questi due esempi esiste una serie di livelli intermedi di complicatezza tecnologica.

I membri della comunità devono comprendere di avere una serie di diverse tecnologie idriche a disposizione. Bisogna che considerino le proprie risorse, e calcolino le opzioni possibili. Bisogna che ciò sia fatto mentre si valuta quali sono le fonti d'acqua disponibili, come descritto in un documento annesso, Le fonti d'acqua

Probabilmente percepirai l'esistenza di un'attitudine prevalente. Si può a volte identificare come orgoglio, ed è legata al desiderio di possedere una tecnologia più sofisticata. Non è in relazione con l'adeguatezza della tecnologia, né con la fisica o l'ingegneria, e neppure con i costi relativi alle risorse che la comunità può acquisire.

Non combattere questa attitudine facendo sermoni o conferenze. Fai in modo che svanisca incitando i membri della comunità a giustificare le proprie scelte, e ad analizzare la relazione tra costi, benefici e risorse disponibili.

Consideriamo alcuni tipi di tecnologie idriche, concentrandoci su comunità a basso reddito situate in paesi poveri. Queste includono:
- pozze e corsi d'acqua vicini;
- pozzi superficiali;
- perforazioni superficiali;
- perforazioni profonde;
- raccolta d'acqua piovana;
- stoccaggio dell'acqua delle piene;
- protezione delle sorgenti; e
- estensione di canalizzazioni idriche.

Nel tuo ruolo di coordinatore dovrai passare in rassegna tutti i punti elencati insieme ad i membri della comunità, facendo una lista sulla lavagna, e associando ad ognuno benefici ed inconvenienti, così come le stime dei costi di costruzione e manutenzione. Dimostra che ci sono variazioni in ognuna delle categorie. Le comunità dovrebbero essere incoraggiate ad acquisire un mix di diverse tecnologie.

Questa lista, ad alcuni, potrebbe sembrare troppo ovvia o semplicistica. La sua funzione è quella di essere usata come strumento di gestione, una check list aperta, che ti aiuti nella guida dei membri della comunità nel processo di creazione di un inventario delle possibilità tecniche disponibili, i benefici e le costrizioni di ognuna, al fine di prendere delle decisioni di gestione consapevoli.

<u>Pozze e corsi d'acqua vicini:</u>

Estrarre l'acqua da pozze e corsi d'acqua vicini è, probabilmente, la più semplice tecnologia idrica. Tuttavia è tra le più pericolose, poiché ad alto rischio di contaminazione causata da microrganismi portatori di malattie. E' una tecnica molto comune, e viene praticata quando non ce ne sono altre a disposizione, o dove l'acqua pura è troppo distante o costosa.

In alcune aree, la popolazione pagherà per l'acqua pura di sorgente durante la stagione secca, ma raccoglierà l'acqua contaminata della superficie durante la stagione piovosa perché l'acqua pura di sorgente viene venduta e le finanze domestiche sono limitate. Questo è il caso in cui si sceglie l'acqua pura non perché salutare, ma in rapporto alla disponibilità.

Come citato precedentemente, l'acqua pura di per sé non riduce la povertà e le malattie. Bisogna che la fornitura d'acqua venga accompagnata dalla comprensione di come essa possa ridurre le malattie e di quali siano i comportamenti che allontanano le malattie legate alle feci dall'acqua potabile.

<u>Pozzi superficiali:</u>

Scavare un pozzo superficiale è una tecnica molto comune per ottenere acqua potabile. Di solito si tratta di pozzi di qualche metro di profondità, cosicché l'acqua che vi si trova dovrebbe essere incontaminata.

La terra è un buon filtro. Esistono, comunque, eccezioni, in quanto possono esserci delle fonti di inquinamento nei pressi. L'acqua può essere facilmente contaminata se il pozzo non viene coperto. Rifiuti, piccoli animali, insetti e le feci di uccelli di passaggio possono facilmente entrare nel pozzo. Animali intrappolati possono morirvi.

I pozzi superficiali variano a seconda della maniera nella quale l'acqua viene estratta. Un secchio mandato giù da una corda può prendere l'acqua, e la corda si può tirare su con le mani o grazie ad una carrucola a manovella. La seconda opzione è più cara della prima. Il pozzo deve restare coperto per la maggior parte del tempo, e aperto solo quando si manda giù la corda per prendere l'acqua. Ciò aiuterà a non contaminarlo. Si potrebbe mettere nell'acqua un tubo, azionato da una pompa manuale o meccanica. La prima opzione è meno cara della seconda. Un importante vantaggio nell'uso di un tubo è dato dal fatto che il pozzo può restare permanentemente chiuso, riducendone di gran lunga la contaminazione.

Anche se entrambe hanno un costo di istallazione, una pompa manuale è meno cara ma meno pratica nell'utilizzo di una pompa meccanica. Quest'ultima ha bisogno di benzina e più lubrificanti che vanno acquistati. I costi operazionali sono più alti.

Molti anziani preferirebbero utilizzare lavoro umano per il quale si spende meno denaro. Non considerano l'importante fatto economico che le donne e le ragazze che forniscono il suddetto lavoro umano utilizzano tempo ed energia (cioè, salute) che potrebbero essere utilizzati per altre attività produttive.

Sorprendentemente, molte falde superficiali possono estendersi nel sottosuolo fino ad un'area sotto un oceano. Ciò produce l'interessante fenomeno per cui, con la bassa marea, si può scavare nella sabbia e trovare dell'acqua dolce potabile laddove, con l'alta marea, si trova dell'acqua salata.

Perforazioni superficiali:

Tecnicamente non c'è molta differenza tra una perforazione superficiale ed un pozzo superficiale. Una perforazione di solito si fa con una trivella, non si scava. Il pozzo scavato a mano di solito ha un diametro più largo. La macchina da scavo per le perforazioni solitamente ha un diametro minore (es.: 40 cm). La grande differenza risiede nel costo di costruzione. Un camion con una trivella meccanica può costare fino ad un milione di dollari o più, e affittarlo o contrattarlo per trivellare un pozzo risulta quindi caro. In genere, si estrae l'acqua di una perforazione superficiale mediante una pompa manuale, sebbene sia possibile metterci anche una pompa meccanica. Solitamente è coperta, il che rende meno probabile la contaminazione.

Perforazioni profonde:

Una perforazione profonda può essere necessaria quando non ci sono falde acquifere vicino alla superficie.

Come menzionato in Fonti, una falda acquifera profonda è meno facilmente dolce (con un buon sapore, senza sali e minerali) di una falda superficiale. E' anche più cara da costruire, richiedendo trivellazioni più lunghe. E', inoltre, più probabile che richieda una pompa meccanica a causa della difficoltà di poter tirar su l'acqua che si trova in profondità con una pompa manuale.

Il vantaggio principale è l'alta probabilità che l'acqua proveniente da tali perforazioni non sia contaminata da microrganismi (fintanto che il pozzo rimane coperto e le persone non ci guardano dentro spesso). Sfortunatamente, non ha un sapore gradevole.

<u>Raccolta d'acqua piovana:</u>

Dove non c'è acqua sotterranea, né fiumi o laghi vicini, la sola fonte d'acqua restante può essere la pioggia.

Una maniera comune di raccogliere la pioggia è costruire grondaie intorno alle estremità dei tetti, e far sì che terminino in contenitori di stoccaggio. La pioggia viene catturata dai tetti ed incanalata fino ai recipienti.

Sistemi più elaborati di raccolta dell'acqua piovana includono larghi contenitori di cemento situati nel sottosuolo (cisterne), e pompe che portano l'acqua su fino a contenitori situati in alto, nelle quali un tubo, utilizzando la gravità, fa scendere l'acqua quando serve. Tecnologie più semplici ed economiche prevedono, per esempio, uno o due barili che raccolgono l'acqua direttamente dalle grondaie, e da questi la gente prende l'acqua quando ne ha bisogno. Il vantaggio offerto dal primo sistema consiste nel fatto che è più facile mantenere l'acqua pura ed incontaminata, ma è più caro costruire che trovare qualche barile. Si possono usare i barili laddove piove ogni settimana durante l'anno, cosicché la piccola capacità di un barile non diventi un problema.

Nelle zone in cui si alternano stagioni secche e piovose, e si necessita un immagazzinamento duraturo, sono più pratiche le cisterne sotterranee piuttosto che i barili in superficie.

<u>Stoccaggio dell'acqua delle piene:</u>

Questo argomento è strettamente relazionato alla raccolta d'acqua piovana, e si tratta del sistema più conveniente solo quando piove pochi giorni all'anno.

Spesso, dove si trovano vasti altopiani nei quali piove abbondantemente, ma solo durante pochi giorni o settimane all'anno, la soluzione migliore è scavare dei bacini di utenza. E' molto importante conoscere bene quale sia il cammino dei torrenti. Si scava una fossa a forma di ferro di cavallo, spesso con un bulldozer, ed un muro (diga) intorno ai tre lati (i tre lati dai quali non fluisce l'acqua) per immagazzinare l'acqua dei torrenti.

Questa tecnica presenta molti svantaggi. A volte, un piccolo bacino artificiale non ha la capacità per fornire acqua per tutta la stagione secca, fino alla stagione delle pioggie. Se ci riesce, l'acqua diventa fangosa, e contaminata da molti microrganismi. Inoltre, l'abitudine di far abbeverare le mandrie nel bacino rende le cose ancor più difficili.

Quando, però, non ci sono altre possibili alternative quella del bacino è la scelta migliore.

<u>Protezione delle sorgenti:</u>

Come menzionato nella pagina sulle fonti, a volte una falda acquifera spunta in superficie, e l'acqua miracolosamente appare dal terreno. Quando ciò accade, siamo di fronte ad una sorgente. Una sorgente è un elemento quasi magico della natura; è un posto meraviglioso per meditare, o semplicemente per osservare l'acqua che sgorga.

Per utilizzare la sorgente come risorsa d'acqua potabile, la tecnica da usare è proteggerla. Quando gli uomini e gli animali, durante la loro ricerca d'acqua, si avvicinano troppo alle sorgenti, queste possono essere contaminate da microrganismi. La sorgente può facilmente essere distrutta quando individui poco informati cercano di ingrandirne il punto di uscita, tagliare le piante che vi si trovano intorno, o modificarne l'architettura.

La migliore misura di protezione è costituita da un muro di cemento intorno alla sorgente, che bisogna anche coprire con un tetto anch'esso di cemento rinforzato, cosicché né persone né animali possano avvicinarsi. Nel cemento si possono incassare tubi o creare buchi per far sì che l'acqua possa fuoriuscire.

Lo scopo della protezione è far sì che niente e nessuno si avvicini alla sorgente o alla zona circostante. La cosa interessante e complessa è che ogni sorgente è unica, e può essere complicato trovare la maniera per costruirne una protezione.

Dopo la protezione, in molte sorgenti si possono mettere delle cisterne per l'immagazzinamento dell'acqua, recipienti, cisterne coperte, e/o tubi per far scorrere l'acqua grazie alla gravità.

<u>Estensione di canalizzazioni idriche:</u>

Alcune comunità beneficiano di un vicino sistema per l'approvvigionamento d'acqua, e quindi devono solo costruire un sistema di tubature per permettere all'acqua di fluire grazie alla forza di gravità, e forse una pompa che possa trasportare l'acqua verso una cisterna situata in alto dalla quale l'acqua possa scendere utilizzando la forza di gravità. Un esempio può essere una comunità rurale che si trova vicino ad una città con un sistema sviluppato di fornitura d'acqua. Un altro esempio è un quartiere di periferia o una zona disorganizzata di una città in cui non esiste fornitura d'acqua.

La comunità (e non tu) deve ottenere i permessi e il diritto di usare l'acqua, poi costruire una pompa per trasportare l'acqua abbastanza in alto perché possa poi scendere grazie alla forza di gravità (se necessario), quindi installare le tubature per poter rifornire d'acqua la comunità.

Un altro esempio può essere fornito da un lago o un fiume di montagna, che possono essere sfruttati per canalizzare l'acqua fino alla comunità. A volte, ciò può richiedere l'istallazione di una diga nel fiume, e/o una pompa per sollevare l'acqua dal lago o dal fiume, quindi dirigerla nelle tubature verso la comunità.

Allo stesso modo, l'acqua può essere disponibile quando una sorgente è stata protetta. Ci può essere bisogno di una pompa. Può dipendere dalla forza di gravità per il trasporto. Ci sarà bisogno di tubi.

Dissalare l'acqua per renderla potabile:

Quando si prende l'acqua dall'oceano, o da pozzi molto profondi, questa è troppo salata. Contiene troppi detriti e minerali per essere potabile, sebbene possa essere utilizzata per lavare e, in certi casi, per cucinare.

Rimuovere il sale dall'acqua è più semplice di quanto si possa immaginare. Bollire e far evaporare (processo chiamato distillazione) non è pratico, soprattutto a causa del costo del combustibile necessario. Ma il sole può fornirci l'energia di cui si ha bisogno.

Bisogna procurarsi una padella larga nella quale mettere l'acqua salata. Le dimensioni devono essere quelle di una stanza. Sopra questa padella contenente acqua salata si mette della plastica pulita, lasciando che si adagi al centro. Il sole farà evaporare l'acqua nella padella, che condenserà sul foglio di plastica steso sopra di essa. Quando il foglio di plastica si adagia al centro, si mette un piccolo recipiente qualche centimetro sotto la plastica. Dopodiché, si posiziona un tubo nel recipiente che vada fino al limite del foglio di plastica, per permettere all'acqua dissalata di scorrere, ed andare a finire in un contenitore. Bisogna riempire d'acqua salata la padella, e ciò può essere fatto mediante l'uso di una pompa che preleva l'acqua dall'oceano o dalla fonte d'acqua sotterranea.

Purificare l'acqua:

Quando l'acqua è stata contaminata, o potenzialmente contaminata con microrganismi che provocano malattie, ci sarà bisogno di un sistema di purificazione mediante agenti chimici o tramite filtraggio con la sabbia, prima che si possa considerare potabile. Quando l'acqua è piena di sali e minerali, come detto sopra, per renderla potabile ci sarà bisogno di dissalazione (rimozione dei sali). Ciò può implicare un processo di evaporazione e ricondensazione.

Effettuare le procedure per rendere l'acqua potabile prevede l'impiego di denaro e/o altre risorse. Prima che la comunità si impegni in tale attività bisogna che consideri quali sono le risorse a disposizione e se ciò sia fattibile.

<u>Gestione comunitaria dell'acqua:</u>

Il tuo lavoro, in qualità di coordinatore, consiste nel guidare la comunità nella gestione della propria fornitura d'acqua. La cosa migliore è far ciò durante riunioni nelle quali, nell'ambito di sessioni di valutazione partecipativa, si passano in rassegna le risorse, le possibili tecniche e tecnologie e i loro costi; si considerano anche le risorse disponibili per la costruzione e la manutenzione di ogni possibile sistema.

Quando fai ciò bisogna che ricordi che questo processo deve far sparire certi atteggiamenti; per esempio favorire tecnologie inappropriate basandosi sull'orgoglio piuttosto che sulla praticabilità; o basarsi su pratiche irriflessive o mal concepite, "solo perché si è sempre fatto così"; o utilizzare tecnologie inappropriate basate su assegnazioni ingiuste (per es.: alle donne) del trasporto dell'acqua, per le quali si spendono troppa energia e tempo; o infine utilizzare metodi che favoriscono le malattie invece che la salute.

Fai in modo che queste attitudini svaniscano non facendo sermoni contro di esse, bensì promuovendo l'idea di gestione dell'acqua.

STUDIO SULLA POMPA, ASSISTERE LE COMUNITÀ AFRICANE A DIVENTARE AUTONOME

Perché progettare una pompa fatta solo di componenti localmente reperibili?

Questo non è un testo per ingegneri, ma parla di una tecnologia ingegneristica, un'umile pompa per tirar fuori l'acqua da un pozzo superficiale. Come le altre pagine formative, questa si basa sul principio che le comunità possono essere meglio rafforzate facendo da sé piuttosto che aspettando la carità di terzi.

La finalità degli aspetti tecnici o ingegneristici di questo testo è quella di essere utilizzati per illustrare questo principio.

La pompa a corda, oggi popolare in America centrale, presenta alcuni vantaggi ed inconvenienti. La nostra discussione si focalizza su come ciò possa illustrare l'approccio al rafforzamento (empowerment) alle comunità africane a basso reddito. E' quindi indirizzata al coordinatore della comunità, mentre gli ingegneri e i tecnici possono trovarla ingenua.

<u>La pompa a corda:</u>

La pompa a corda è un meccanismo abbastanza semplice. Consiste in una corda che viene fatta girare in continuazione. La corda è disposta attorno ad una ruota di bicicletta collocata sul pozzo.

La corda scende giù nel pozzo ed è poi riportata in alto passando attraverso un tubo di plastica. Sulla corda sono attaccate delle valvole ogni 20 o 30 centimetri, ricavate da camere d'aria usate (o qualunque materiale flessibile adatto, come le suole di scarpe usate). La ruota di bicicletta può essere girata a mano, cosicché la corda esca e poi rientri nel tubo. Un telaio di bicicletta può essere modificato con un saldatore e un seghetto per trattenere la ruota, ed un pedale modificato può diventare una manovella. Quando la corda fuoriesce dal tubo, le valvole spingono l'acqua dal pozzo

verso la superficie. Nel tubo viene fatta una giuntura vicino all'entrata, cosicché la corda continui a salire nel pozzo, mentre l'acqua zampilla dal tubo e si riversa in un contenitore.
Tutto qui.
Tutti i componenti della pompa a corda di solito si trovano facilmente in qualsiasi città di media grandezza: corda, camere d'aria usate, telai e ruote di bicicletta usati, tubi di plastica. Nessuno di essi è caro.
La pompa a corda esiste da anni, forse decenni, ma negli ultimi cinque anni è diventata popolare.

<u>La tecnologia idrica non è complicata:</u>
Per più di mezzo secolo i programmi di aiuto europei e di agenzie multilaterali, hanno fornito assistenza volta a fornire acqua potabile a comunità rurali in Africa. Durante tutto questo tempo, la tecnologia occidentale portava l'uomo sulla luna, inventava Internet e il telefono cellulare, scopriva i segreti del DNA umano e delle entità submolecolari. Non è, però, riuscita a trovare un modo di fornire l'acqua agli abitanti di villaggi poveri d'Africa che duri al di là del periodo di aiuto: più di qualche mese, o un anno al massimo. La tecnologia della pompa a mano fu sviluppata per l'uso familiare in Europa ed in America del nord e, nonostante i miglioramenti tecnici o la formazione fornita, non sembra essere affidabile per il servizio comunale destinato a 500 abitanti di un villaggio. Questo tipo di tecnologia ha fallito perché i suoi inventori e sviluppatori non hanno considerato i valori, comportamenti e l'organizzazione delle popolazioni bisognose d'acqua. O forse è colpa del fatto che i costruttori fanno profitti sui pezzi di ricambio e quindi non vogliono costruire delle pompe più resistenti?
Una volta che una particolare pompa manuale viene scelta dalle autorità, bisogna che tutte le pompe manuali istallate della regione siano dello stesso tipo, cosicché si utilizzeranno gli stessi pezzi di ricambio. In questo modo, il costruttore si accaparrerà un'interessante fetta di mercato per i pezzi di ricambio.

Il problema dei pezzi di ricambio:

Rendere i pezzi di ricambio disponibili ed economici per le comunità rurali è un problema. Se fossero meno cari e di largo consumo (cioè con un inventario in costante rinnovo), i pezzi di ricambio costituirebbero un problema minore, perché i rivenditori locali li stoccherebbero volentieri. Le imprese private potrebbero far fronte alla situazione.

I componenti di grandi dimensioni che richiedono raramente il ricambio non sono molto popolari presso i fornitori perché richiedono grosse spese di stoccaggio e non creano profitti importanti; il mercato è troppo limitato. Per quanto riguarda tali pezzi di ricambio, si può tentare di ottenere dei finanziamenti governativi o, per lo meno, dei magazzini gratuiti.

Ci si è anche chiesti quante pompe dello stesso tipo bisognerebbe costruire in una zona per far sì che si crei una condizione per cui la richiesta di pezzi di ricambio sia tanto elevata da creare profitti per le imprese. Quale sarebbe la quantità limite? Più ampio è il mercato, più pezzi di ricambio si vendono.

Gli economisti affermano che la maniera di ricavare profitti dalla fornitura di pezzi di ricambio sia utilizzare tali pezzi anche ad altri fini. Valvole e cuscinetti, per esempio, che sono prodotti per essere utilizzati su veicoli a motore, sarebbero immagazzinati al fine di essere utilizzati per un mercato ampio, e non solo per quello delle pompe manuali. I cuscinetti e le valvole per le rinomate pompe manuali African Plan, ad esempio, sono prodotti di forme e dimensioni per cui si possono applicare solo alle pompe African Plan: un mercato molto limitato. Ci si sta impegnando per disegnare nuove pompe manuali che possano impiegare componenti già utilizzati per altri scopi. Un mercato più ampio è sostenibile e fornisce una soluzione attuabile.

L'intera pompa a corda è, però, costituita di parti facilmente reperibili sul mercato delle aree di cui ci stiamo occupando, cioè i paesi poveri. Alcune di esse, biciclette rotte e camere d'aria usate, per esempio, si possono trovare abbandonate o nell'immondizia. Trovarle può divenire un buon business per chi si occupa di riciclo.

<u>Gli interessi personali:</u>

Molte persone in posizione di comando e autorità sono interessate a mantenere la situazione così com'è attualmente. La tecnologia della pompa manuale genera affari per le industrie europee e indiane, e nei paesi dove sono state aperte succursali.

Sebbene i materiali per realizzare le pompe manuali siano abbastanza comuni, chi le produce si fa pagare cara la manodopera e, quindi, ricava grossi profitti dalla vendita. La possibilità che una pompa venga realizzata totalmente con materiali locali, da artigiani che possono utilizzare questi stessi materiali anche per altri scopi, intimorisce i produttori di pompe manuali ed i loro difensori perché minaccia i loro portafogli.

Coloro che vogliono mantenere lo status quo impiegheranno e/o daranno finanziamenti a scrittori ed esperti, affinché trovino le controindicazioni all'impiego di alternative come la pompa a corda, e elogino i pregetti delle loro pompe manuali. Saranno anche tentati dal fare dei regali e fornire degli incentivi alle autorità governative affinché queste creino regole e regolamenti che favoriscano l'uso delle pompe manuali (per es.: le loro) piuttosto che le alternative create localmente.

Mantenere lo status quo protrae la situazione di povertà e dipendenza

<u>Ah, sì! La corruzione:</u>

Nel corso del modulo formativo sulla riduzione della povertà si parla di una delle sue maggiori cause, la disonestà.

Se un funzionario pubblico devia il denaro destinato allo sviluppo ed agli investimenti verso le proprie tasche, si comporta in modo disonesto. Ciò contribuisce ad aumentare la povertà.

Si crea un effetto moltiplicatore. Il denaro destinato allo sviluppo è denaro da investire che contribuirebbe ad un incremento degli introiti futuri. Quando un funzionario pubblico lo utilizza a fini personali (cioè, lo ruba), il denaro si converte da investimento in consumo. Ciò significa, ad esempio, che cento unità di denaro destinato allo sviluppo equivarrebbero a seicento o settecento unità di incremento futuro della ricchezza della comunità. Queste seicento o ottocento unità monetarie vengono rubate alla comunità, anche se il funzionario corrotto ufficialmente riceve per uso personale solo cento unità (che può far circolare nell'economia locale). Per di più, anche le cento unità verrebbero sottratte all'economia locale se trasferite su un conto estero come, per esempio, in Svizzera.

Nel settore idrico e sanitario, l'uso di pozzi e pompe manuali offre parecchie opportunità per tali dirottamenti di denaro.

Quando si contratta un'impresa per trivellare il pozzo, o istallare la pompa manuale, questa fatturerà una grande somma per l'impianto fornito e per il lavoro di istallazione. Se il villaggio beneficiario è remoto, gli abitanti analfabeti e timorosi verso le autorità (quindi, con meno voglia di lamentarsi), e se non si effettua nessun controllo, l'impresa può risparmiare molto denaro (su lavoro e componenti non istallati) non facendo, ma senza che ciò venga registrato. L'impresa dà, quindi, una parte del denaro non utilizzato al funzionario appropriato perché questi eviti di registrare il crimine commesso. Quando il pozzo è una fossa scavata da una macchina, e la pompa manuale è importata o prodotta nella capitale, è abbastanza facile deviare i fondi per lo sviluppo.

Alcuni giustificano tali deviazioni di risorse da parte dei funzionari dicendo che i loro salari sono troppo bassi. Come possono tali affermazioni giustificare un'attività criminale? Se un abitante del villaggio rubasse un bene del valore di dieci dollari verrebbe picchiato, forse anche a morte.

Se gli stipendi dei funzionari pubblici sono troppo bassi, dovrebbero essere riportati al valore di mercato sottraendo il valore degli incentivi garantiti ai funzionari, la sicurezza del lavoro, gli aiuti economici per la casa, ecc. La loro posizione privilegiata nel governo non dovrebbe essere una ragione per lasciar passare ogni crimine che commettono, soprattutto il furto di grandi quantità di risorse destinate alla gente povera. I bassi stipendi non dovrebbero mai essere usati per giustificare furti o disonestà. Questi sono crimini, che avvengono soprattutto quando manca la trasparenza riguardo alla spesa pubblica.

Al contrario, quando il pozzo si scava a mano utilizzando la manodopera locale (pagata utilizzando gli stessi fondi destinati a investimento e sviluppo), e quando la pompa è prodotta con materiali locali (così come si fa con la pompa a corda), allora, la deviazione di denaro non è facile da nascondere, quindi, molto più difficile da realizzare.

Le autorità governative e gli imprenditori nazionali hanno, perciò, molte ragioni per cercare svantaggi nell'uso di tecnologie alternative e schierarsi contro il loro utilizzo.

<u>Gli inconvenienti:</u>

Come gran parte delle cose della vita, la pompa a corda non è un condensato di gioia e felicità. Presenta alcuni svantaggi. Questi includono la limitatezza di profondità e la possibilità di incappare in acqua contaminata.

La pompa a corda è efficace per i pozzi di superficie, lo è meno per quelli profondi. Sfortunatamente, non è facile prevedere quanto possa essere profondo un pozzo in cui una pompa a corda possa funzionare.

L'imprevedibilità è legata all'uso di materiali locali che non si rifanno a standard universali. Sia il diametro che lo spessore delle valvole, per esempio, influenzano la possibile profondità del pozzo (sul quale collocare una pompa a corda). Visto che le camere d'aria e il cuoio sono di diverso spessore, e visto che le valvole sono tagliate a mano da artigiani locali, non sono uniformi. Se la valvola è troppo sottile e flessibile, si piega e perde l'acqua sulla valvola sottostante nella corda.

Quando i pozzi sono più profondi, l'acqua che appesantisce la valvola inferiore può esercitare un peso tale da fuoriuscire interamente prima di giungere alla superficie. Allo stesso modo, anche se non troppo flessibile, può darsi che non venga tagliata della dimensione precisa del tubo interno, facendo sì che l'acqua coli sulla valvola sottostante. Anche questo problema aumenta con l'aumentare della profondità del pozzo. Se, invece, la valvola è tagliata di modo che si incastri troppo strettamente all'interno del tubo, potrebbe trasportare l'acqua in modo più efficace, ma la frizione potrebbe creare difficoltà alla rotazione della ruota che fa girare la corda, che, ad un certo punto, sarebbe troppo difficile girare a mano. Anche questo problema aumenta con la profondità del pozzo.

Poiché si tratta di variabili imprevedibili, non è possibile definire quale sia la profondità massima del pozzo in cui una pompa a corda è efficace. Forse intorno ai 35-45 metri.

Un altro inconveniente è costituito dalla possibile contaminazione del pozzo. Nella descrizione fatta qui della pompa a corda non si fa presente che il pozzo debba essere coperto. La popolazione locale tende a non coprire il pozzo, perché questa operazione richiede tempo, soldi, sforzi e volontà (derivata dalla conoscenza delle norme igieniche). Se il pozzo è scoperto possono entrarvi piccoli animali che possono defecare e/o morirci dentro. Anche i rifiuti ed i parassiti umani possono entrare nel pozzo se si fa girare la ruota con le mani sporche.

Coprire bene il pozzo permetterà al tubo di fuoriuscirne prima che l'acqua portata in superficie dalla corda venga versata in una cisterna. Per far scendere la corda, un semplice buco nel coperchio può essere sufficiente. Certamente, si può fare di meglio istallando sul coperchio un pezzetto di tubo un poco più largo di quello principale, cosicché le valvole possano scendere nel pozzo facilmente, insieme alla corda.

Quando ai residenti della comunità non interessa granché dell'igiene (cosa che, sfortunatamente, avviene di norma) e ci sono poche risorse, è facile che si tenda ad omettere di coprire il pozzo aumentando, così, le possibilità di inquinarlo.

Una formazione appropriata e un'effettiva consapevolezza dell'igiene pubblica possono minimizzare questi inconvenienti.

Quelli descritti sono gli inconvenienti riconosciuti che scaturiscono dall'utilizzo della pompa a corda, ma non costituiscono grossi problemi. Ad ogni modo, gli esperti che abbiano interessi personali nell'uso delle pompe manuali esagereranno l'impatto di questi inconvenienti, ed eviteranno di dire che i costi per affrontare questi piccoli problemi sono nettamente inferiori rispetto a quelli da sostenere per l'uso delle pompe manuali.

<u>Incrementare l'efficienza della manodopera:</u>

La manodopera locale non specializzata può essere impiegata nello scavo di pozzi superficiali e nell'istallazione delle pompe a corda sulle sommità dei pozzi. La manodopera specializzata, come per esempio gli artigiani professionisti, possono costruire le valvole con le camere d'aria usate e le pompe con le biciclette abbandonate, e fissare le valvole sulla corda.

Spendere il denaro destinato allo sviluppo in manodopera locale, invece che in capitale importato, presenta molti vantaggi. Prima si è detto che ciò riduce le opportunità di deviare il denaro per l'uso personale, incrementando la trasparenza poiché più persone sono coinvolte. Mediante la trasparenza il denaro della comunità e quello fornito da organismi donatori diventa più visibile, quindi meno facile da "far sparire".

Ci sono anche altri vantaggi. Per quanto riguarda il rafforzamento delle imprese private locali, queste possono essere istruite su come scavare i pozzi e produrre le pompe a corda. L'organizzazione di tale aspetto può essere parte del lavoro del coordinatore della comunità (tu).

In questo modo, il denaro destinato allo sviluppo, che finirebbe fuori dalla comunità se fosse speso per importare pompe manuali prodotte altrove, andrebbe a queste imprese organizzate localmente. Si potrebbe formare una società di scavo pozzi o una cooperativa costituita da un gruppo centrale di manager e istruttori (provenienti dal comune o dalla provincia) che impiegherebbero dei lavoratori locali per ogni pozzo da scavare nelle comunità clienti (quelle, cioè, che hanno bisogno di scavare un pozzo).

Quando il denaro viene utilizzato per dar lavoro ai giovani del posto, i soldi guadagnati vengono da questi spesi localmente per l'acquisto di beni. Ciò stimola l'economia perché immette soldi nel mercato locale che altrimenti verrebbero impiegati per l'acquisto di beni importati e/o il pagamento di trivellatori e fornitori provenienti dall'esterno della comunità.

Lo stesso discorso vale per quanto riguarda l'impiego degli artigiani per convertire vecchie biciclette rotte in pompe e camere d'aria usate in valvole, per fissare le valvole alla corda, e per tagliare e istallare i tubi di plastica. La tecnologia della pompa a corda si accorda favorevolmente con l'aumento dell'efficienza della manodopera, alla crescita degli introiti locali, alla riduzione della disoccupazione, ed allo sviluppo di un giro d'affari locale.

<u>Le strategie di coordinazione:</u>

Questa pagina, come le altre, si rivolge principalmente al coordinatore della comunità (ed ai suoi gestori e pianificatori). Non vuole essere un trattato tecnico sulla pompa a corda, ma piuttosto una discussione su considerazioni socio-economiche legate al suo utilizzo. In quanto coordinatore, animatore, attivista o lavoratore della comunità, il tuo obiettivo principale è rafforzare le comunità povere (tramite lo sviluppo delle capacità/competenze).

L'indipendenza non è solo la libertà di non dipendere da finanziamenti esterni, ma è anche la libertà da ogni sorta di fonti esterne (incluso dalle idee rispetto a quali tecnologie utilizzare).

Non si vede perché i villaggi poveri nei paesi africani debbano adottare incondizionatamente il pensiero, la creatività e i presupposti sui quali si basano le tecnologie europee e nordamericane. Questa è una forma di dipendenza mentale che favorisce la povertà.

Anche la creazione di pozzi costosi e la fornitura di dispendiose pompe manuali creano una forma di dipendenza. Quando le falde acquifere sono troppo profonde, questa dipendenza non si può totalmente evitare (probabilmente). Comunque, in questo caso è più facile che l'acqua sia salata e pomparla più difficile, quindi, si devono considerare altri tipi di tecnologie, come per esempio la raccolta di acqua piovana. Quando, invece, le falde acquifere non sono molto profonde, lo scavo di fosse e le pompe manuali si possono evitare.

Promuovendo l'uso della pompa a corda, spiegando ai membri della comunità (che sono coloro che devono decidere se adottarla o meno) i suoi vantaggi e gli svantaggi, il coordinatore può aiutare a ridurre la dipendenza e a migliorare l'autonomia. Se si vedrà che la cosa funziona, verranno copiati.

Ricorda che è il villaggio, e non l'agenzia, a dover prendere la decisione. Benché tu possa considerare i costi e i benefici delle differenti alternative insieme a loro, sono i membri della comunità, in gruppo, a decidere che tipo di tecnologia è l'appropriata al loro caso. Supportato/a dalle considerazioni e dalle argomentazioni di cui sopra, puoi aiutarli a riflettere sulle conseguenze della scelta della pompa a corda anziché di un'altra tecnologia. La tua strategia consiste in fornire un quadro delle alternative, dei costi, dei benefici e di altre considerazioni, cosicché i membri della comunità possano prendere autonomamente delle decisioni consapevoli.

Le pompe a corda non sono la soluzione universale a tutti i problemi del settore dell'acqua potabile, però, migliorano la situazione e risolvono molti dei problemi attuali.

Anche se ci sono degli interessi forti in gioco che ostacoleranno l'introduzione e la diffusione dell'uso della pompa a corda, i suoi vantaggi, soprattutto il supporto al rafforzamento delle comunità ed alla loro autonomia, sono di gran lunga maggiori che gli svantaggi. Il coordinatore si trova in una posizione ideale per suggerire l'introduzione della pompa a corda, contribuire alla sua diffusione ed aiutare i membri della comunità a prendere le proprie decisioni e a divenire più forti.

MANUTENZIONE E RIPARAZIONI, GESTIONE DELL'ACQUA NELLE COMUNITÀ AFRICANE

La comunità deve designare un responsabile per la manutenzione ed uno per le riparazioni, e definire come si devono gestire

Funzionamento di un'istallazione per il rifornimento idrico di una comunità:

La gente tende a pensare che sia sufficiente costruire un sistema di approvvigionamento idrico, e che non si debba fare altro. Si pensa che, poi, qualcuno se ne prenderà cura o che questo funzionerà senza bisogno di interventi.

Anche i membri della comunità tendono a pensarla in questo modo. Tu, in quanto coordinatore, se loro hanno scelto la fornitura idrica come priorità, devi ricordargli che non solo bisogna che ne gestiscano la messa in opera, ma bisognerà anche che si organizzino per prendersene cura, assicurandone il costante funzionamento.

Una delle cose più tristi da vedere quando si visita l'Africa rurale sono le sue migliaia di pompe manuali in disuso sparse sul territorio. Che spreco di risorse utilizzate per costruire degli attrezzi che poi restano inutilizzati.

Un'istallazione per la fornitura idrica per una comunità (o punto dell'acqua) soffre l'usura e può richiedere regolare manutenzione, come per esempio l'aggiunta di combustibile e lubrificanti. Ha anche bisogno di essere protetta da eventuali vandali, dall'incuria e dalla foga degli animali. Costantemente avrà bisogno di riparazioni.

Quando si sceglie un'istallazione per la fornitura idrica e si pianifica la sua costruzione, la comunità deve considerare anche come garantirne il funzionamento nel tempo. In qualità di coordinatore, bisogna che assicuri che i membri della comunità e il loro consiglio esecutivo siano coscienti di ciò.

Una parte del processo decisionale dovrà riguardare anche la designazione di chi si occuperà dell'aspetto appena considerato e di chi supervisionerà assicurando che il compito venga eseguito. Se non viene identificato nessuno come responsabile di tali mansioni, l'obiettivo non verrà raggiunto.

<u>Una pratica regolare:</u>

Quando una comunità decide che l'acqua sia una sua priorità può credere di dover giusto costruire un impianto, e che la sua responsabilità si concluda lì.

Come menzionato, il tuo intervento potrebbe iniziare con un solo progetto comunitario che, però, deve continuare fino a quando si riveli necessario. Nel caso dell'acqua, il consiglio esecutivo della comunità deve impegnarsi nel progetto dall'inizio fino a dopo la costruzione dell'impianto. L'esecutivo dell'implementazione del progetto formato dalla comunità può diventare il comitato di acqua e sviluppo della comunità. Oppure, in alternativa, questo può essere il momento opportuno per formare un altro esecutivo, omettendo discretamente di inserire i membri che non ne sono all'altezza.

Ricordati che le tua perspicacia e intelligenza sono importanti. L'esecutivo sarà più efficace e il rafforzamento della comunità più probabile se i suoi membri posseggono una personalità esemplare. Prendi in considerazione gli elementi del rafforzamento. Fiducia e altruismo ne fanno parte. La disonestà é uno dei cinque maggiori fattori di povertà. Se uno o più membri dell'esecutivo non sono altruisti e mettono prima i propri desideri e bisogni personali rispetto a quelli della comunità, e/o se uno o più membri potrebbe cercare di utilizzare denaro destinato al progetto per scopi personali, allora sia l'esecutivo che la comunità si indebolirebbero. Le tue osservazioni saranno alla base dell'organizzazione di un comitato idrico nella comunità.

Poiché l'istallazione per l'approvvigionamento d'acqua deve essere in costante funzionamento, bisogna che tu annunci alla comunità che essa deve formare un comitato per l'acqua e/o lo sviluppo. Questo nuovo esecutivo non avrà il compito di disegnare un progetto che riflette le priorità della comunità. Ciò è già stato fatto. Dovrà, invece, escogitare il modo di far sì che l'acqua continui a fluire.

Il Comitato Idrico sarà responsabile dell'approvvigionamento d'acqua. Eseguirà la volontà della comunità di conseguire una manutenzione pagata o volontaria, e monitorerà, supervisionerà, guiderà, incoraggerà e supporterà coloro i quali effettueranno la manutenzione dell'impianto. Il Comitato Idrico deve riferire alla comunità riguardo all'aspetto finanziario delle operazioni, ed allo stato della manutenzione e delle riparazioni.

<u>Pesonale remunerato o volontario?</u>

Una decisione importante della comunità e del suo Comitato Idrico riguarda come organizzare le risorse per far in modo che queste siano sufficienti al mantenimento del flusso d'acqua. Ci sono dei pro e dei contro all'impiego di volontari non pagati o personale remunerato.

Impiegare volontari non pagati vuol dire, chiaramente, che si spenderà meno denaro, ma non impedisce di incorrere in alcuni costi. I volontari possono essere meno affidabili e forse meno inclini a seguire le istruzioni del comitato idrico. Il personale remunerato dev'essere pagato, e regolarmente, sennò potrebbe cercare lavoro altrove.

La decisione dev'essere presa della comunità attraverso il suo comitato idrico. La cosa migliore da fare sarebbe organizzare una riunione pubblica, da te orchestrata, presieduta dal Comitato Idrico o dall'esecutivo. Bisognerebbe elencare su un tabellone (magari toccherà a te) i pro ed i contro, e le priorità definite, relativi all'impiego di personale remunerato o no per la manutenzione dell'impianto. Tutto ciò si farà durante una sessione del cosiddetto brainstorm.

Bisogna che tu chiarisca che i lavoratori, pagati o no, dovranno avere un supervisore, e che codesto debba presiedere il comitato idrico. Devi anche lavorare assieme al comitato per sviluppare una descrizione del lavoro, per rendere minima la possibilità di confusione creata da differenze di opinione che potrebbero sorgere in seguito.

Se i membri della comunità o del comitato hanno delle osservazioni da fare, devono farlo presente all'intero comitato idrico, invece di provare a controllare i lavoratori in prima persona.

<u>Organizzazione dei pagamenti:</u>

Come pagherà, la comunità, i costi operazionali? Per poter pagare il salario del personale, per poter comprare lubrificanti e combustibili, per comprare pezzi di ricambio e per pagare la manodopera impiegata nelle riparazioni c'è bisogno di avere un reddito.

Un metodo semplice, che funziona bene in molte comunità, consiste nel far pagare una piccola tassa d'uso, pochi centesimi per litro. Questa tassa può essere riscossa da un esattore idrico, e consegnata al tesoriere del Comitato Idrico, che pagherà all'esattore un salario regolarmente.

Questo approccio, ad ogni modo, dipende dall'alta integrità di coloro i quali maneggiano il denaro. Senza un registro chiaro e trasparente può prestarsi all'abuso. Ricorda quella fiducia e altruismo che formano parte dei sedici elementi per il rafforzamento di una comunità o organizzazione, e che la disonestà è uno dei cinque principali fattori che causano povertà.

Un'alternativa a questo approccio è un contratto con l'esattore che gli permette di ricevere una percentuale della tassa riscossa. In questo modo l'esattore sa che una certa quantità di denaro deve essere consegnata al tesoriere ad intervalli regolari, e che questa deve rappresentare il totale riscosso meno la fetta a lui destinata.

Esiste anche così la possibilità di appropriazione indebita da parte dell'esattore e del tesoriere, e per questo il comitato idrico deve assicurarne il monitoraggio. Si potrebbe decidere di eleggere un membro che monitori e riferisca regolarmente al comitato.

Un approccio diverso consiste nel far pagare una quota fissa sull'acqua ai residenti o a coloro che vivono in una certa area che include la maggioranza degli utenti. I membri del comitato idrico devono considerare con attenzione i pro e i contro di queste alternative, e le probabilità di successo relative al mantenimento del flusso idrico.

La decisione deve essere presa dalla comunità, e tutte le transazioni devono essere effettuate nel modo più trasparente possibile.

I soldi che non vengono utilizzati per pagare l'esattore devono essere messi in banca ed utilizzati per comprare il combustibile necessario, i lubrificanti, i pezzi di ricambio ed effettuare altri interventi di manutenzione e riparazione. La responsabilità di ciò deve ricadere sulla comunità, che ne discuterà durante riunioni pubbliche, mentre l'esecuzione sarà di responsabilità del Comitato Idrico.

IL RECUPERO DEI COSTI, OTTENERE RISORSE PER GESTIRE LA FORNITURA D'ACQUA IN AFRICA

Nella gestione dell'impianto d'approvvigionamento idrico, la comunità deve mettere in relazione costi e benefici

Nulla si ottiene in cambio di niente:

Non c'è nulla di valore (bene o servizio) che sia davvero gratuito o che non rappresenti un costo. A giudicare dal numero di persone che comprano i biglietti della lotteria, molta gente vive nel mondo dei sogni pensando che possa esistere qualcosa di gratuito.

L'acqua non è gratuita.

A volte, cose che all'apparenza sembrano gratuite presentano dei costi nascosti. Il costo sociale nascosto di non educare i bambini all'onestà sarà dato dalla disonestà che caratterizzerà questi bambini una volta divenuti adulti (per es.: ladri o funzionari corrotti). Quando un commerciante ti vende un dispositivo e ti dice che assieme viene offerto gratuitamente un oggetto per pulirlo, puoi star certo che il prezzo complessivo include anche l'oggetto "gratuito". Il costo di non assicurare che l'acqua potabile sia incontaminata è rappresentato dal pericolo di malattie per la popolazione.

Durante una sessione istruttiva sulla gestione, tu coordinatore, puoi organizzare un momento in cui i partecipanti facciano una lista di cose che a prima vista potrebbero sembrare gratuite, ma che poi, esaminandole, si rivelino non esserlo. E' questo un buon metodo per esaminare la gestione di un impianto per l'approvvigionamento d'acqua.

Gestire un impianto per la fornitura idrica:

Nell'ambito della gestione del proprio impianto idrico, la comunità deve considerare delle alternative per il recupero dei costi; o quali metodi verranno impiegati per pagare, per prima cosa, la costruzione e, poi, la manutenzione e le eventuali riparazioni del proprio sistema di approvvigionamento idrico.

In primis, la comunità deve considerare, inserendole in una lista, tutte le fonti d'acqua disponibili; poi, valutare le varie tecnologie per la fornitura idrica; dopodiché, deve calcolare i costi per la costruzione e quelli operativi per ognuna di tali tecnologie; ed, infine, capire come fare per ottenere risorse per coprire tali costi. Ad ogni modo, la gestione non si esaurisce solo nella mera acquisizione di risorse. Gestire vuol dire anche saper prendere delle decisioni che siano indirizzate all'utilizzo più efficace possibile delle risorse acquisite, tenendo in considerazione le necessità prioritarie e gli obiettivi della comunità.

<u>Costruzione VS Recupero dei costi operativi:</u>

Costruire, o rinnovare un impianto idrico esistente, comporta un certo tipo di costi, differenti da quelli necessari per il suo funzionamento, manutenzione, protezione e riparazione.

Costruire un impianto per l'approvvigionamento idrico può essere considerato un costo iniziale importante, un investimento. Di solito si calcola come un costo singolo di grandi dimensioni. Al contrario, i costi d'uso sono una serie di costi che includono: messa in opera (come l'acquisto di carburante e lubrificanti); manutenzione, affinché l'impianto possa seguire funzionando; protezione contro il vandalismo, animali randagi e utenti irrispettosi; e riparazione, perché si aggiusti qualunque parte danneggiatasi durante il processo. Per molti comuni, ricoprire i costi di investimento può voler dire chiedere un prestito, e ripagarlo nel corso di molti anni. I costi operativi (per coprire sia i costi di riparazione e manutenzione che quelli per il carburante) possono implicare l'imposizione di una tassa d'uso e/o una forma di tassazione per i residenti nella comunità. Molte agenzie donatrici internazionali possono fornire copertura per i costi di investimento per la costruzione, ma non finanzieranno i costi operativi.

Bisogna che, quando guidi una comunità nel processo decisionale, tu in quanto coordinatore, ti assicuri che per i partecipanti sia chiara la differenza tra costi di investimento e costi operativi, e che abbiano considerato come faranno a gestire ciascuno di essi.

<u>Risorse:</u>

Queste fonti si possono dividere in due tipologie differenti. Le risorse donate, ad esempio, sono regali per i quali non ci si aspetta nulla in cambio. Le tasse per l'uso, invece, sono pagamenti effettuati in cambio di servizi. Una visualizzazione di quanto appena enunciato, per una comunità a basso reddito, può essere data, per esempio, da quanto segue:

1. Il costo di investimento per la costruzione di un impianto per la fornitura idrica viene coperto da una serie di risorse, magari un sussidio governativo, un finanziamento di un donatore internazionale, e/o delle attività di raccolta fondi che apportano donazioni di residenti e sostenitori, o anche da un prestito.
2. I costi operativi, in contrasto, possono essere coperti da una combinazione di imposte agli utenti (l'acqua può essere venduta con un sistema di pacchetti a bassa tariffa), e/o una tassa fissa per tutti i residenti.
3. Bisogna che tu chiarisca tale differenza cosicché l'intera comunità possa comprenderla. L'esecutivo, con la tua guida, deve effettuare una pianificazione finanziaria che faccia una distinzione tra le fonti, e, in seguito, deve ottenere l'approvazione dell'intera comunità. Senza tale approvazione (tramite il voto, un referendum, o una riunione pubblica, secondo quanto si ritenga più appropriato) la pianificazione mancherebbe di legittimazione, e sarebbe poi difficile riscuotere le imposte.

<u>L'analisi dei costi e benefici</u>

Un esercizio importante da fare, quando si calcolano varie opzioni riguardanti le tecnologie per un impianto idrico comunitario, consiste nell'esaminare e comparare i costi e i benefici di ognuno. Per ogni tipo di impianto per l'approvvigionamento d'acqua considerato, bisogna preparare una lista dei costi effettivi (costo di investimento e costi operativi). Quindi, si fa una stima del numero di persone che direttamente trarrebbero beneficio dall'uso dell'impianto, escludendo gli abitanti della comunità che si trovano ad una distanza eccessiva dal luogo in cui si prevede di costruirlo.

A questo punto, basandosi sul totale scaturito dalla somma del costo di investimento e dei costi operativi, diviso per il numero delle persone raggiunte dal servizio, si ottiene una stima del costo pro capite (per persona). Tale cifra può rappresentare un importante fattore da considerare quando si esaminano le diverse tecnologie e fonti, al fine di scegliere un impianto per l'approvvigionamento d'acqua. Bisogna che quanto illustrato venga fatto dalla comunità.

Il costo operativo pro capite dovrebbe essere paragonato ad ogni imposta o prezzo di vendita dell'acqua che venga proposto. Per il bene della trasparenza, questi calcoli devono essere disponibili per tutta la comunità, così come per qualunque donatore potenziale.

Calcolare i benefici finanziari dell'impianto idrico sarà molto più difficile.

Certamente l'acqua ridurrà le malattie e, quindi, aumenterà la produttività, ma solo se accompagnata da istallazioni igienico-sanitarie, cambiamenti nel comportamento per mantenere separati i fattori contaminanti dall'acqua potabile, ed aumento dell'informazione riguardo a tali principi. Effettuare una stima finanziaria di tutto ciò sarebbe, quindi, molto difficile.

Se i calcoli fossero possibili, un'analisi di costi e benefici permetterebbe un confronto tra i costi pro capite ed i benefici pro capite, producendo il rapporto che ci direbbe se l'investimento sia conveniente.

<u>Il ruolo del coordinatore:</u>

Potrebbe darsi che tu sia stato assegnato/a al coordinamento di una comunità nell'ambito di un progetto idrico finanziato da un donatore internazionale o un'agenzia (o un dipartimento del tuo governo). I gestori di tale progetto si aspetteranno che tu faccia una valutazione. Bisogna che essi sappiano che la valutazione, la pianificazione progettuale della comunità, le giustificazioni dell'investimento, ed altre cose che contribuiscono agli atti decisionali, devono essere fatti dalla comunità, e non da te o dal progetto.

Molto spesso la "partecipazione della comunità" è un proposito che resta solo sulla carta. Su questo punto, bisogna che ti faccia valere e che spieghi che è la comunità che deve effettuare le valutazioni e prendere le decisioni.

La comunità non deve partecipare passivamente, bensì deve essere intimamente coinvolta nella valutazione e nel processo decisionale. Il tuo lavoro di coordinazione consiste nel verificare che ciò accada. In mancanza di ciò, non ci sarà né appoggio per il progetto né responsabilizzazione della comunità, né, tanto meno, rafforzamento e sviluppo.

CONCLUSIONE

Se ad una comunità non è concesso di possedere un sistema hydrolico che costruisce, quella comunità è indebolita e le si impedisce di essere auto-sufficiente. Se ad una autorità locale non è permesso di aprire e gestire un conto bancario, allora la sua capacità di far fronte alle necessità di un villaggio è ostacolata e la capacità di quel villaggio è limitata. Questi sono due esempi di come l'ambiente politico e amministrativo di una comunità africana possono influenzare il processo di empowerment della comunità stessa.

Questo ambiente include un'ampia varietà di fattori, che vanno dalle norme in vigore nel paese, attuate attraverso le disposizioni e le regolamentazioni di più ministeri o enti, a livello nazionale, regionale o locale, alle pratiche dei funzionari (basate sulla consuetudine e sulle diverse interpretazioni delle leggi e delle norme). L'ambiente include anche le politiche e le pratiche di organizzazioni non governative e di imprese del settore privato, le quali, a loro volta, sono influenzate dai fattori governativi appena citati.

Il compito degli attivisti è quello di stimolare e incoraggiare le attività della comunità utili allo sviluppo della comunità stessa, per il suo empowerment. Tuttavia, l'intervento degli attivisti non è mai isolato e fine a se stesso, dato che tutte le comunità africane sono parte di un ambiente politico-amministrativo. In prima istanza saremmo portati a dire che questi sono fattori sui quali gli attivisti non hanno alcun controllo.

Al contrario, vi sono molte azioni che i gli attivisti possono intraprendere e che hanno effetti diretti o indiretti sull'ambiente politico-amministrativo. Per prima cosa, è necessario che un attivista sia in grado di analizzare e osservare queste norme e dinamiche e di preparare una lista di quei cambiamenti che faciliterebbero le capacità di sviluppo delle comunità. Quindi si può proseguire con un programma di pressione volto a modificare le norme e le dinamiche stesse. Si può ad esempio diffondere un documento di sintesi, che riuscirà a giungere fino alle più alte cariche decisionali. Per esempio, ad un alto funzionario può essere richiesto di sovraintendere alla creazione di un documento politico riguardante lo sviluppo di una comunità (da promulgare in parlamento) e ad un attivista di fornire il proprio aiuto.

Spesso può accadere che alcuni attivisti diventino membri del parlamento o ministri e le loro conoscenze ed esperienze nella mobilitazione diventano fattori preziosi. Vi è anche la possibilità che il documento di sintesi in questione, o una sua versione modificata a livello locale, riesca a circolare a livello di comitato o commissione parlamentare che ha il compito di rivedere le politiche governative.

In ogni caso, ogni attivista dovrebbe leggerlo, considerare la portata o l'attuazione, fare osservazioni e analizzare la situazione. Si dovrebbe preparare un documento che cataloghi i fattori che impediscono il rafforzamento della comunità e trasformarlo in uno strumento per ogni attivista.

<u>Promuovere un ambiente favorevole</u>

Il rafforzamento di una comunità africana e la lotta alla povertà non possono avere luogo in un contesto isolato. L'ambiente di cui ogni comunità è parte, non solo l'ambiente ecologico, ma anche quello economico e socio-politico, influenza il livello di empowernment della comunità; va osservato e analizzato anche quando si agisce per il raggiungimento dell'empowernment stesso.

In quest'ottica, dovrebbe esserci un approccio a livello di comunità che promuova un ambiente capace di migliorare e favorire l'auto-sufficienza, l'empowerment della comunità stessa e la lotta alla povertà. Tra i fattori per lo sviluppo di tale ambiente politico vi sono:

- Linee guida per promuovere e modificare la politica legislativa;

- Supporto ai comitati responsabili della riforma legislativa (in questo settore)
- Linee guida per la modifica dei regolamenti e delle procedure a livello ministeriale;
- Linee guida per le ONG attive nei settori legati alla comunità;
- Eventi di sensibilizzazione (conferenze, workshop, competizioni, spettacoli, sketch, musica)
- Azioni di informazione pubblica (poster, radio, pubblicità in TV e nei giornali)

<u>Governo centrale e abilitazione</u>

Il programma di abilitazione dovrebbe enfatizzare l'assistenza alla riforma e al miglioramento

Nel caso in cui ci si trovi di fronte ad un governo altamente centralizzato, desideroso di decentralizzarsi, l'assistenza dovrebbe essere rivolta all'avvio della decentralizzazione. Se invece il governo è già in fase di decentralizzazione, allora potete fornire un'assistenza più pragmatica e specifica del paese. Questo modo di agire si può applicare alla democratizzazione, alla devolution di un autorità finanziaria, alla decentralizzazione di ministeri allo sviluppo oppure ad altre importanti riforme volte allo snellimento e alla modifica del Governo centrale.

Gli elementi e gli strumenti inclusi nel programma sono i seguenti:
- Linee guida per la stesura di documenti politici e altri strumenti (in grado di favorire il rafforzamento della comunità) per la promulgazione da parte del parlamento
- Analizzare e consigliare i corretti requisiti per decentralizzare l'autorità e i finanziamenti per supportare la gestione della comunità;
- Supportare la riforma delle norme riguardanti la terra, la proprietà e le relative pratiche in grado di favorire un aumento della gestione comunitaria di strutture e servizi, di garantire il rispetto dei diritti umani per quanto riguarda

genere e minoranze e di migliorare l'attuazione di leggi giuste relative alla proprietà e all'accesso alla terra;
- Supportare i dicasteri che si occupano delle politiche, delle procedure, degli standard e delle linee guida, mentre l'attuazione, lo staffing operativo, la pianificazione, il processo decisionale e la gestione sono di competenza locale;
- Supportare la definizione e il raggiungimento dello status legale e dell'autorità delle organizzazioni a base comunitaria;
- Stabilire dei meccanismi procedurali e legali per il flusso di informazioni dalla periferia al centro e dalle organizzazioni della comunità alle autorità locale;
- Pressione per accrescere la consapevolezza e l'interesse pubblico verso queste tematiche;
- Supportare le istituzioni pubbliche, tra cui le università e i centri di formazione, per modificare e rielaborare i propri corsi di studio, affinché includano i metodi partecipativi e le altre tematiche descritte in precedenza;

Fare pressione e supportare il governo centrale, portandolo a modificare le proprie norme e procedure legislative, è solo una parte della strategia per la promozione di un ambiente idoneo all'empowerment della comunità e per la lotta alla povertà.

Deve essere accompagnato da un'assistenza complementare alle autorità a livello locale e regionale, che sono più vicine alle comunità target, e alle organizzazioni non governative: entrambe formano parte di quell'ambiente socio-economico delle comunità stesse.

<u>I ruoli dei governi locali</u>

Quando i governi centrali trasferiscono autorità, potere decisionale e controllo finanziario a livello locale, la capacità delle amministrazioni locali e del governo locale deve essere rafforzata. Se ci deve essere una decentralizzazione, non si deve decentralizzare la tirannia.

Oltre ad ottenere capacità superiori (e risorse umane qualificate), le autorità locali dovrebbero venire a conoscenza della gestione programmata e partecipativa, delle capacità per dialogare con la comunità e agevolarla e di altri elementi che contribuiscono ad un ambiente idoneo.

Il programma può includere:
- Far pressione per una gestione programmata e partecipativa a livello locale
- La formazione per la gestione e pianificazione partecipativa;
- Linee guida per lo sviluppo di norme, regolamenti e procedure locali e
- Poter condividere esperienze simili con altre realtà locali o di altri paesi.
- A livello regionale (o equivalente) ci sono tre categorie di persone che solitamente hanno l'influenza necessaria sulle comunità e sono i depositari per incoraggiare e formare i metodi partecipativi:
- i dirigenti amministrativi locali,
- i leader e i politici locali, e
- gli specialisti tecnici (spesso chiamati "tecnocrati" perché la loro autorevolezza e le loro conoscenze risiedono nell'esperienza tecnica).

La natura del mutamento da fornitore di servizi a facilitatore cambia a seconda della natura del potere.

<u>Mutamenti specifici:</u>
Si deve lavorare per un ambiente socio-politico ed economico che induca e favorisca il miglioramento della propria condizione, l'autosufficienza, l'empowerment della comunità e la fine della povertà con un approccio comunitario. In casi del genere, il ruolo dell'attivista è quello di documentare la situazione, come influenza l'empowerment della comunità e come si può migliorare per consentire lo sviluppo delle capacità della comunità.

Le azioni specifiche da inserire nel programma per potenziare un ambiente idoneo si possono classificare nelle seguenti categorie:
- Politica legislativa
- Riforma legislativa
- Norme ministeriali
- Linee guida per le ONG
- Sensibilizzazione
- Informazione pubblica
- Mutamenti a livello di governo centrale
- Consulenza sulla decentralizzazione
- Consulenza sulla riforma agraria
- Devolution
- Legittimare le organizzazioni a base locale
- Comunicazione tra comunità e comune
- Patrocinio
- Sviluppare corsi di studio
- Ruoli dei governi locali
- Formazione sulla gestione e sulla pianificazione partecipativa;
- Legislazione locale

Consideriamoli uno alla volta.

<u>Linee guida per avviare e modificare la politica legislativa</u>

Dobbiamo incoraggiare le parti interessate a contribuire a mettere per iscritto le politiche per poterle usare come linee guida per riformare la legislazione (legge) nazionale (e locale se necessario). Ciò rende necessaria la creazione di linee guida per le parti interessate che devono preparare tali documenti.

<u>Riforma legislativa:</u>

Sostenere i comitati responsabili della riforma legislativa (per quanto riguarda l'empowerment della comunità): Come risultato del proprio impegno, è possibile che il governo crei o rivitalizzi un comitato per la creazione di documenti di sintesi o della riforma legislativa.

Questo richiede un sostegno finanziario per organizzare incontri a livello di comitato (preferibilmente svolti anche localmente e non solo nella capitale), affittare spazi, rinfreschi, indennità giornaliere e assistenza tecnica (personale specializzato e attivisti per gli incontri per raggiungere i risultati preposti).

<u>Norme ministeriali:</u>

Linee guida per avviare e modificare le disposizioni e procedure a livello ministeriale: si possono preparare documenti che descrivono le necessità e sono progettati per assistere i comitati e altri per formulare policy paper, procedure scritte e linee guida per cambiare la legislazione

<u>Linee guida per le ONG:</u>

Linee guida per le ONG attive nei settori relativi alle comunità:

A seconda dello status legale e del grado di accettazione delle ONG (internazionali e locali), può essere fornito un certo livello di supporto per una coerenza e integrazione reciproche e con gli sforzi del governo. Il sostegno può essere di tipo economico o tecnico per meeting, workshop, per preparare, stampare e distribuire documenti.

<u>Sensibilizzazione:</u>

Più l'opinione pubblica è informata sugli obiettivi e i metodi di questa strategia, più l'ambiente porterà cambiamenti sociali nella direzione desiderata. Questi eventi possono includere conferenze, workshop, competizioni, riconoscimenti o festival di tipo artistico.

<u>Azioni per l'informazione pubblica:</u>

Possono includere poster, TV, radio e pubblicità su giornali o articoli su periodici. Si possono istituire premi o riconoscimenti per i giornalisti affinché facciano ricerche o scrivano articoli speciali che illustrano i processi di empowerment o i metodi usati per la lotta alla povertà.

<u>Governo centrale e abilitazione:</u>

Democratizzazione, decentralizzazione amministrativa e politica, devolution dell'autorità finanziaria, unificazione dei dicasteri per lo sviluppo, modificazioni legislative, procedurali o di regolamenti per incoraggiare e sostenere il rafforzamento e l'autosufficienza della comunità. Linee guida per la stesura di un documento publico e gli strumenti collegati (per facilitare il rafforzo della comunità) per la promulgazione da parte del parlamento:

L'assistenza nella formazione delle competenze dovrebbero includere linee guida scritte per la stesura di policy paper; queste linee guida incoraggiano un processo partecipativo e di consultazione che coinvolge le parti interessate, per promuovere un ambiente idoneo al rafforzamento della comunità e una consulenza professionale per la creazione di policy paper e degli strumenti associati.

<u>Consulenza sulla decentralizzazione:</u>

Analizzare e fornire consulenza sui requisiti necessari per la decentralizzazione delle autorità finanziarie e per il sostegno al management della comunità: i consulenti con competenze professionali capaci di analizzare e fornire consulenza sui processi decisionali e sulle implicazioni finanziare riguardanti la decentralizzazione.

<u>Consulenza sulla riforma agraria:</u>

Le norme sulla proprietà terriera che influiscono sul processo di empowerment includono le norme relative alla terra, alla proprietà terriera e agli usi terrieri.

Dovrebbero diventare leggi che facilitano l'aumento della gestione della comunità su strutture e servizi, che garantiscono i diritti umani soprattutto in riferimento al genere e alle minoranze e che permettono l'attuazione di leggi eque sull'accesso e possesso della terra.

<u>Assistenza sulla devolution:</u>

Fornire assistenza nel processo che vede i dicasteri centrali prestare maggiore attenzione alle politiche, agli standard, alle regolamentazioni e alle linee-guida, mentre la parte che riguarda l'implementazione, la fase operativa e il processo decisionale viene trasferita a livello locale. Questo processo di decentralizzazione non elimina tutte le funzioni dell'esecutivo centrale, bensì il loro diventa un ruolo guida, di formazione delle politiche e di supporto professionale, mentre le funzioni più operative passano a livello locale.

Ciò richiede assistenza nella formazione delle competenze degli enti periferici, e supporto all'esecutivo nel cambiare il proprio ruolo. Questa strategia richiede particolare attenzione nell'assistere le parti dell'esecutivo coinvolte nel processo di rafforzamento delle comunità.

<u>Legittimare le organizzazione a base locale:</u>
Fornire assistenza nel definire e realizzare lo status legale e l'autorità delle organizzazioni a base di comunità. Questo tipo di assistenza fa parte di quelle competenze citate in precedenza e deve finanziare meeting, workshop, patrocinio e fornire una guida per legittimare e legalizzare sia il processo di rafforzamento delle comunità, sia le organizzazioni stesse delle comunità che vengono a crearsi di conseguenza.

<u>Flusso di comunicazione tra comunità e comune:</u>
Stabilire meccanismi legali e procedurali per regolarizzare il flusso di comunicazioni dalla periferia verso il centro e da parte delle organizzazione delle comunità verso le autorità locali: i requisiti per la gestione delle informazioni spiegati precedentemente necessitano di un ambiente efficiente sia dal punto di vista legale e che operativo.

<u>Patrocinio:</u>
Fare pressione per accrescere la consapevolezza e l'importanza presso il pubblico su aspetti sia legali che politici: tutte le attività rivolte all'informazione pubblica citate in precedenza e la formazione per una capacità di sintesi più efficace sono rivolte a migliorare il grado di accettazione dei cambiamenti normativi e procedurali necessari per creare un ambiente idoneo alle comunità e al suo rafforzamento.

Creare corsi di studio:
Fornire assistenza alle istituzioni pubbliche, tra cui università e centri di formazione, per modificare e riscrivere i corsi di studio, così da includere metodi partecipativi e le questioni già citate: i professionisti nei relativi dicasteri e nelle ONG che implementano il rafforzamento delle comunità e le iniziative di riduzione della povertà necessitano di una formazione avanzata nel settore.

Allo stesso tempo, gli accademici possono formare un gruppo di esperti che la strategia può sfruttare. Gli istituti di formazione e i singoli corsi, che necessitano di un aggiornamento, possono essere aiutati per modificare la propria strategia e metodologia.

Il patrocinio e l'assistenza ad un governo centrale punta principalmente a portare ad un cambiamento legislativo, normativo e procedurale per supportare la nascita e la crescita di un ambiente idoneo.

I ruoli dei governi locali:
Fare pressione per istituire una gestione e una pianificazione partecipative a livello locale: come parte di questo ambiente idoneo, è necessario rafforzare la capacità delle amministrazioni locali e del governo (di promuovere piuttosto che fornire). Le autorità locali dovrebbero venire a conoscenza della pianificazione e gestione partecipativa e delle capacità di dialogare e agevolare l'interazione con le comunità.

Formazione per una gestione e pianificazione partecipative;
La strategia include la formazione sulle capacità partecipative necessarie per supportare e rendere più agevole la formazione di un ambiente idoneo.

Legislazione locale:
Linee guida per lo sviluppo di una legislazione, di procedure e di una prassi locale: nel caso in cui un consiglio locale abbia l'autorità di promulgare leggi e regolamenti, la strategia migliore è quella di assisterlo come avviene a livello centrale. Allo stesso tempo, si può fornire assistenza all'amministrazione a livello locale per

modificare la propria legislazione, le proprie procedure e la propria prassi.

Networking:

I contesti per il networking e la condivisione di esperienze con altre regioni e paesi: come parte della condivisione delle informazioni, del suo incoraggiamento, e del trasferimento di conoscenze, questa strategia richiede il sostegno di meccanismi di networking, come conferenze, workshop, seminari e incontri con altre autorità locali (e membri della comunità) all'interno e al di fuori del proprio paese.

Le tre tipologie di persone che hanno un certo ascendente sulla comunità sono:
- i funzionari pubblici a livello locale;
- i leader e i politici locali e
- i professionisti tecnici.

Questi sono gli obiettivi per incoraggiare e insegnare i metodi partecipativi.

Il passaggio da "fornitori" a "facilitatori" varia a seconda della natura del potere. Parte dei compiti dell'attivista e di chi si occupa della formazione del corpo amministrativo è quella di determinare come influire su questi cambiamenti basandosi sull'osservazione e sull'analisi della situazione.

L'ambiente non governativo:

Mentre le ONG, per loro natura, devono operare in un contesto determinato principalmente dagli enti di governo, possono allo stesso tempo fare parte, in base alle norme di diritto privato che ne determinano la natura, di un ambiente aggregato di organizzazioni a base locale. Se possono operare in un'atmosfera di benevola tolleranza, rappresentare un forte fattore di sviluppo partecipativo.

Hanno bisogno di una guida per non avere scopi contrastanti e per non ostacolare un approccio integrato per lo sviluppo del paese. Le ONG internazionali hanno, come loro punto di forza, risorse

(principalmente di tipo finanziario e di competenza), mentre le ONG a livello nazionale e locale danno un loro contributo al processo di democratizzazione della società specialmente con gruppi di pressione e tramite la salvaguardia dei diritti umani. Questa strategia include:
- Luoghi di discussione per la creazione e la revisione delle linee guida per le ONG e le organizzazioni a base locale;
- Luoghi di discussione per il networking e il dialogo tra ONG e organizzazioni a base locale e i centri di governo centrale e locale;
- Accordi sui metodi per l'empowerment e la lotta alla povertà, che siano sostenibili e coerenti:
- Accordi per un'assistenza reciproca di tipo finanziario e di competenza tra le ONG nazionali e internazionali;
- Assistenza per l'incoraggiamento e lo sviluppo dell'empowerment della comunità e per l'eliminazione della povertà attraverso metodi partecipativi.

L'obiettivo finale è un ambiente che porti le ONG ad avere una partnership con tutti i livelli del governo, delle comunità e del settore privato, enfatizzando i diversi punti di forza e contribuendo ad uno sviluppo sociale sostenibile, soprattutto verso i redditi bassi e arrivando all'eliminazione della povertà.

Le ONG sono potenzialmente un ottimo strumento per lo sviluppo partecipativo. Necessitano di alcune linee guida e del giusto coordinamento per garantirne coerenza e sostenibilità.

Le ONG internazionali possono essere di due tipi:
- di primo soccorso, beneficienza o di risposta alle crisi, e
- di sviluppo

Entrambi i tipi hanno il proprio ruolo. Quelle del primo tipo si possono incoraggiare ad aggiungere anche azioni caratteristiche del secondo tipo.

Alcune delle ONG internazionali più grandi operano con entrambi gli approcci.

- Il loro maggiore punto di forza è quello di avere risorse (finanziarie e di competenza tecnica);
- Spesso includono metodi partecipativi alla base dei propri principi costitutivi; e
- Sono solitamente inclini a cooperare con governi "accoglienti", soprattutto per implementare i principi e i metodi inclusi in questa strategia.

Il secondo tipo può essere guidato e coordinato come parte di una strategia nazionale e con progetti locali.

<u>ONG nazionali e locali:</u>
Contribuiscono al processo di democratizzazione della società, specialmente monitorando il rispetto dei diritti umani. Solitamente sono finanziariamente molto più deboli delle ONG internazionali, ma possono essere supportare dalla ONG internazionali, dalle Nazioni Unite o da altri donatori in modo bilaterale;
Di solito sono di due generi:
- Piccole organizzazioni a base locale, solitamente di volontariato e di auto-sostegno; e
- Imprenditori privati che rincorrono un profitto, ma sotto le vesti di agenzie per il volontariato.

Entrambe hanno il loro ruolo, le prime sono di solito l'obiettivo per rafforzare l'empowerment delle comunità a basso reddito, le seconde spesso hanno un ruolo di consulenza.

<u>Luoghi di discussione per le ONG e per le organizzazioni a base locale:</u>
Luoghi di discussione per la creazione e la modifica partecipative delle linee guida per le operazioni delle ONG e delle organizzazioni a base locale:
Workshop e seminari per la stesura e la revisione di linee guida per il processo di empowerment delle comunità e per la lotta alla povertà. Fare da mediatore tra i funzionari governativi (responsabili per la stesura delle linee-guida) e le ONG (responsabili del rispetto delle linee-guida).

<u>Luoghi di discussione per le relazioni tra ONG e governo centrale:</u>
Luoghi di discussione per il dialogo e le operazioni di networking tra ONG e governo centrale: la strategia mira a rafforzare il dialogo tra ONG e organizzazioni a base locale e gli enti di governo a livello centrale e locale, in modo da condividere informazioni, capacità tecniche ed esperienze sul rafforzamento delle comunità.

<u>Accordi sui metodi:</u>
Accordi su metodi per l'empowerment e la lotta alla povertà che siano sostenibili e coerenti:
Creati all'interno dei luoghi di discussione sopra citati, si tratta di documenti che includono dichiarazioni, accordi, linee guida e metodologie per la creazione di un ambiente idoneo e per il sostegno della gestione autosufficiente della comunità e del conseguente aumento di ricchezza.
Le informazioni scambiate contribuiranno a creare una politica e un processo nazionali coerenti (ovviamente abbastanza flessibili da adattarsi alle varie situazioni).

<u>Accordi di supporto tra soggetti nazionali e internazionali:</u>
Accordi di sostegno finanziario e di competenze tra le ONG locali e quelle internazionali: anch'essi prodotti all'interno dei succitati luoghi di discussione, tra le ONG locali e i donatori potenziali, questi accordi sono volti ad assicurare una certa coerenza a livello nazionale e ad utilizzare i metodi descritti nella parte A e B di questa strategia.

<u>Incoraggiare i metodi partecipativi:</u>
Dare sostegno nella promozione e nella formazione dell'empowerment della comunità e nella lotta alla povertà attraverso i metodi partecipativi: questa strategia dà sostegno sia alle ONG a carattere locale, che a quelle internazionali, attraverso un aiuto finanziario e di tipo formativo, in modo che si raggiunga la sostenibilità, la coerenza e il coordinamento tra le ONG e le istituzioni di governo coinvolte nel rafforzamento della comunità e nella lotta alla povertà. Questa strategia punta alla formazione di

un ambiente idoneo, che porti le ONG e le organizzazioni a base locale a creare una partnership con i vari livelli del governo, della comunità e del settore privato.

Come ci sono varie sfaccettature dell'ambiente che influiscono sull'auto-sufficienza e sulla capacità delle comunità, e che influiscono sulle strategie e sull'efficacia della mobilitazione stessa per migliorarla, così ci sono svariate sfaccettature di azione che un attivista deve tenere in considerazione e sulle quali può avere una certa influenza.

Proprio come gli stati, anche le comunità e le realtà locali africane con cui si entra in contatto sono differenti. È necessario osservare e analizzare quali ostacoli vi sono e cosa si dovrebbe fare per migliorare la situazione.

Le azioni che si dovrebbero adottare cambiano in base alle diverse situazioni. Si può spaziare da varie attività di pressione, supporto di tipo professionale su come individuare le posizioni di potere opportune oppure prendere parte a comitati incaricati di varie riforme.

www.ingramcontent.com/pod-product-compliance
Lightning Source LLC
Chambersburg PA
CBHW081200180526
45170CB00006B/2168